安德魯‧山繆斯、芭妮‧梭特、弗雷德‧普勞特——著

Andrew Samuels, Bani Shorter, Fred Plaut

鐘穎（愛智者）——譯

榮格心理學辭典

深度與廣度兼具的榮格入門指引

A CRITICAL DICTIONARY
OF JUNGIAN ANALYSIS

楓 樹 林

謝詞

作者群想要對洛杉磯榮格學會（the C. G. Jung Institute in San Francisco）的學術委員會表達感謝，他們同意授與我們來自恩司特與伊利諾·范·洛本·賽爾斯學術基金會（Ernst and Eleanor van Loben Sels Scholorship Fund）的補助款。

我們也同樣感謝倫敦的羅特里奇與基根·保羅出版社和普林斯頓大學出版社（Princeton University Press）同意我們引用由里德（Read, H.）、佛登（Fordham, M.）及阿德勒（Adler, G.）等人所編輯，並由霍爾（Hull, R.）所翻譯的《榮格全集》（the Collected Works of C. G.）英譯本。

同時也要感謝珍·威廉斯（Jane Williams）的優異打字工作，聯合著作所造成的困難被她以優異的幽默感給化解了。感謝凱瑟琳·葛雷翰－哈里森（Catherine Graham-Harrison）讓整個計畫能夠穩定地持續向前推動，她也為我們評論了某些條目的初稿，我們對此一併致謝。

譯者序

在前輩與同好們的努力下，榮格心理學逐漸地為大眾所熟知，當中許多術語因此滲透進了我們的生活。

我的世界觀受榮格影響頗深，因為他的觀點有別於傳統的宗教，同時也與自然科學大異其趣。喜歡榮格的讀者肯定會同意，他所談論的是一種難以言說但卻深刻的心靈知識。

這幾年我在分享榮格心理學時收到許多人來信，他們所關切的問題不僅包含個人的生命意義，還包含這門理論的特定知識。這一切都讓我覺得我們需要一本簡明且詳盡的榮格心理學辭典來應付日益增加的學習需求。

經過多方考量，這本書成為了我們最迫切想要翻譯的作品。因為它不僅涵蓋榮格本人使用的術語，也包含其他幾位重要的榮格分析師的觀點，例如佛登（Fordham）、法藍茲（Von Franz）、以及諾伊曼（Neumann）等人。鑑於榮格心理學與精神分析之間的關聯，書裡也收錄了不少與分析心理學有關的精神分析詞彙，這大大地充實了本書的內容。

在譯詞的選用上，除了參考前輩譯者的翻譯外，我也根據文意做了一些我認為比較適合的調整。凡有中文語意難以完整表達之處，我會在正式譯詞之後增列其他翻譯，目的是幫助讀者對該術語做多方面的考察。

書中幾個特別困難的術語都是和《伊雍：自性的現象學研究》譯者周俊豪討論過，甚至是直接引用下的結果，例如雙性共身者（androgyne）、聖耦（syzygy）等。為了隨順一般人的閱讀習慣，有的譯詞並未直接採用學界的版本，例如潛意識（unconscious），但同樣地，該詞也增列了「無意識」的翻譯在後，供讀者參考。

譯詞還有許多值得深入討論的有趣地方，我在註釋中也會簡短地加以說明。感興趣的讀者可以參考這些註釋，或者私訊我的粉專「愛智者書窩」，我很樂意與您交換意見，一起學習。

除了周俊豪外，本書之所以能夠完成，要相當感謝編輯陳依萱在各方面的支持，以及陳宏儒心理師的協助。本書完稿後，宏儒兄慨然允諾，願意幫忙審看本書，並提供了相當寶貴的意見。我的太太林書勤心理師畢業於中央大學英美語文學系，很謝謝她在翻譯過程中多次幫忙釐清本書複雜的文意。因為有您們的支持，這本書才能成為現在的模樣。

當然，更要謝謝所有翻開和購買本書的讀者，我視這本書為國內榮格社群的重要里程碑，因為它是一群像我這樣的榮格愛好者共同協力下的結果，而我相信它的品質禁得起考驗！

——鐘穎

本書使用說明

1、原書的專業術語以大寫來表示，本書則以**粗明體**呈現。

2、原書中的斜體處，本書以**粗黑體**呈現。

3、本書譯註以頁下註方式呈現。

4、凡條目裡首次出現的人名與書名，均附上原文，方便讀者辨識。

目錄

D

E

R

S

T

U

V

W

序

自從榮格在 1961 年去世之後，大眾對分析心理學理論及其運用與發展的興趣日益廣泛。然而，榮格學派的用語對許多讀者來說卻很陌生，因此許多關於分析心理學的書，都收錄了詞彙表或榮格本人對這些術語的定義。然而這些詞彙表採用的是榮格的原文，來自《全集》第六卷的定義、他的自傳《回憶、夢、省思》（ *Memories, Dreams, Reflections,* 1963 ），或他的追隨者從榮格著作中摘取出來的（例如亞菲〔 Jaffé 〕發表的紀念集《榮格：文字與意象》〔 *C. G. Jung:Word and Image* 〕, 1979 ）。舉例來說，斯托爾（ Storr ）的《榮格文選》（ *Jung:Selected Writing,* 1983；在美國以《榮格精選集》〔 *The Essential Jung* 〕為名出版）以及莫瑞·史丹（ M.Stein ）所編輯的文選《榮格學派的分析》（ *Jungian Analysis,* 1982 ）等也是如此。

我們可以合理地假設，這些擷取自榮格原文的詞彙表，可能無法承擔讀者所需的翻譯與摘要任務。期待特定主題的書以附錄的方式肩負起一般的教育任務是不公平的，同時對術語的解釋也可能太過簡短，從而造成讀者誤解的擔憂。

如今，想要更加理解精神分析用語的讀者就幸運多了。他們可以參考拉普朗屈（ Laplanche ）與彭塔立斯（ Pontalis ）的《精神分析的語言》（ *The Language of Psychoanalysis,* 1980 ）或里克羅夫特（ Rycroft ）的《精神分析的批判性辭典》（ *A Critical Dictionary of Psychoanlysis,* 1972 ）。

這二本著作啟發了本書——前者帶來了全面性、學術性以及歷史的視角，而後者則以負責任的方式提出了各種意見。

分析心理學並未在榮格逝世後停滯不前，所有後榮格學派辭典的首要之務，都是展現作家如何調整、修正，及挑戰榮格的概念。在一定程度上，也要對源自或平行於精神分析的反對意見有所述及才行。因此本書書名（譯註：係指英文書名）才會使用「批判」一詞。

從許多層面來說，本辭典反映了一股全球性的趨勢，亦即對榮格的關注，已從他神祕學的興趣轉向對人類心理學以及治療所付出的努力。在所有的助人專業中，分析心理學的臨床地位正逐漸增強。榮格取向的分析師大量增加，學術界對榮格也比以往更為關注。舉例來說，在英國的國民保健署（National Health Service）被委任為精神科醫師或心理治療師的分析心理學家越來越多。這股潮流同樣出現在其他西方國家。

這樣的演變也可從下列事實中得到例證，也就是培訓課程的閱讀清單中，有關榮格的書目不斷增加。隨著心理治療與諮商綜合訓練方案的增加，這些課程的學生開始有對此類辭典的需求。正在接受訓練的分析師、修習心理學、社工、諮商、宗教或人類學的學生也都需要這類基本知識。我們同樣希望，專業的實務工作者例如精神科醫師，能夠在本書中找到對其有益的知識。此外，作者群也想對學者或那些出於個人理由閱讀榮格的讀者，提供一本有著摘要與解釋困難專業術語的參考書籍。

理解榮格相關理論的困難點是什麼呢？榮格是重視經驗的思想家，有時他會刻意迴避精確的邏輯，但這導致了讀者的困惑。事實上，榮格的智性發展墊基於直覺與試探性的洞見，經常在不同的脈絡裡以不同的方式來表達。

有時理解榮格著作的最好方式，是將其視為必須使用大量類比的流動意象。更重要的是，榮格是那種從不放棄任何事物的思想家。不像佛洛伊德，榮格不會對自己的想法進行實質（且正式）的修正，他偏好將早期的理論架構作為後期理論的開端。當榮格修訂著作時，修訂版通常會添入更多新材料（例如 Cw4, paras. 693-744）。

榮格處於他自己的時代，這意味他共享著那個時代的文化與觀念。舉例來說，他傾向將他的想法組織為成對的**兩極**，根據背景而有衝突或結合，進而產生新的合成體。此種黑格爾式的方法學已經變得不合時宜。如今的典範更看重流動性，導向關係與回饋，並關切著歷程。對今日的我們來說，假想的力量與元素的命名，並將其視為結構的真實組成，此類十九世紀末及二十世紀初的思想特徵，聽起來不免覺得很怪異。對諸如「能量」概念的物質化（或實體化）就是這個背景下的產物。

此外，榮格有強烈的個人好惡。他相信所謂的「個人推論偏誤」（personal equation，亦即人格對想法會有無可避免的影響），他自身的生活經驗常會為其理論架構加添原料。雖然他認為那是「經驗性的」，但他個人經驗的導入有時也使他採取了比較極端的立場（例如性別角色）。

有些翻譯問題也會帶來理解上的困難。相關的部分在本辭典中會一併述及。但比起精神分析來說，這些問題還算少，這可能是因為榮格對英語的掌握較為全面與流利。榮格使用英語口語解釋其概念的傳統，也讓《榮格全集》的翻譯者便於處理，此外還包含某些用英文發表或寫成的講稿與文獻。

書中的每個主要定義都包含如下數種特徵，並用大寫字母來標示術語以方便讀者交互參照（譯註：中譯本則以粗黑體表示）。這些特徵如下：術語的單一或多重意義；術語的起源以及它在榮格思想中的位置；相同或近似術語被使用在分析心理學與精神分析時的差異；該術語在分析心理學領域內使用時曾有過的變化；適用的批判性評論，以及引用及參考資料。參考資料皆置於書末，除非另有說明，否則指的皆是《榮格全集》。該書由倫敦的羅特里奇與基根‧保羅出版社和普林斯頓大學出版社所出版。參考資料會標註卷次及段落的編號。如果上下文有不清楚的地方，書中會試著指出作者的理論取向，縱使作者的姓名可能不那麼為人熟悉。未提及領域取向的作者就是分析心理學家。

此處也要談談那些被本書排除在外的內容。書裡在盡可能的範圍內納入了分析心理學的學科內容及具有心理學意涵的語詞，但並不打算涵蓋心理動力或精神分析的基本術語，不過還是有某些精神分析術語被納入，例如：與分析心理學的內容有所交疊時；雙方論點有嚴重的分歧卻可能具有歷史的重要性時；或雙方的比較有助於讀者的理解時等等。

本辭典的內容包括了：

⑴‧由榮格所引介或發展而成的術語及觀念（例如**個體化**）；

⑵‧心理動力中也使用，卻被榮格以特殊方式使用的術語或概念（例如**象徵**）；

⑶‧被榮格以特殊方式使用的普通語詞（例如**完整性**）；

⑷‧被其他分析心理學家所引介或發展而成的術語（例如**自我－自性**軸）。一般而言，只有曾以英語出現過的相關材料才會收錄；

⑸‧精神分析術語（僅侷限於上述段落裡曾提及的考慮範圍內，例如**投射**）

此外，本書也提供了下列內容給讀者：某些提及榮格思想特點或意識型態的條目（例如**還原與合成法**）；其他處理分析心理學的核心主題（例如**亂倫**）；其他涵蓋了榮格重要理論想法的概念（例如**原型**）；最後，技術性的術語也被特別給予定義（例如**人格面具**）。

我們也應當記得分析心理學猶如精神分析那樣，是由三條主線所匯聚而成的節點：對潛意識生活的研究與探索；理論知識的軀幹；以及治療的方法。

每種學科都會有它自己的術語，而深度心理學也不例外。我們希望藉由解釋被囚禁在行話裡的意義，使術語能重新活起來。因為詞語和概念是活的，它們會成長、消亡和改變。它們可以聚攏人們，也可以使之分裂。它們會為心靈發聲，也會摧毀心靈。

由於本書作者群身為分析師、老師與作家的經驗互有異同，這使他們寫下了這本書。他們對榮格文字的絞盡腦汁是寫作本書的重要動力。因此，在嚴肅的說教事業表層底下，有著對那些掙扎想要理解榮格之學習者的同理。

榮格
心理學辭典

A Critical Dictionary Of
Jungian Analysis

心智水準降低
abaissement du niveau mental

　　心理束縛未加抑制地放鬆，**意識**強度降低，伴隨專注力與注意力的喪失；在此狀態中，此前未預期的心理內容可能會從**潛意識**中浮現出來。該詞最早由榮格的老師，法國教授皮埃爾・讓內（Pierre Janet）所使用，他用來解釋歇斯底里與其他心因性神經症的症狀學（symptomatology）（參見 neurosis **神經症**）。在榮格早期關於**字詞聯想測驗**的工作中，他發現了同樣的現象，此可藉由與個人情結（參見 complex **情結**）有關的意識內容所產生的自發性干預所觀察到。他隨後使用這個詞來描述某些潛意識內容即將出現於意識中（被意識到）的廣泛狀況。他認為那是自發性心靈現象的先決條件中，一個重要的狀態。因此，雖然該狀態會不由自主地發生（例如在**精神疾病**中），但也可以有意識地在**積極想像**的準備階段裡助長其出現。

在此狀況中，被**自我**所束縛的**兩極**將被釋放，因此每一種心智水準降低的情況都會帶來相應的價值逆轉。此種意識閾值降低的情況也是某些藥物作用的特性。榮格認為，這種狀態精準呼應了神話形成初期的原始意識狀態（para9ii, para. 264）（參見 primitives **原始人**；myth **神話**）。心智水準降低期間也可能帶來負面的影響，而出現潛在的精神病傾向就是其中之一。因此這不必然是一種良好的狀態，也不應該被鼓勵發生，除非自我足夠強大，不僅能承受與潛意識的接觸，同時也能在原型象徵爆發的情況下對之進行必要的**整合**（參見 archetype **原型**、inflation **自我膨脹**、possession **佔據**、symbol **象徵**）。

由此情況產生的意象會顯現出不連續性以及破碎的特徵，展現出比喻的構造，包含字詞、音韻，或視覺形式的表層**聯想**，且可能包括凝縮、非理性表達，以及混亂。就像**夢**一樣，這些幻想沒有次序可言，剛開始時也未顯示出具目的性的象徵內容。藉由覺知到這些平常被壓抑住的心靈內容，**統覺**被豐富了，但不能保證這些內容能成為意識總體定位的一部分。這需要**反思**與**分析**才能完成。此狀態中的人可能會面臨解離，且無法重新自我定位。

榮格寫道，對於意識張力的鬆弛，其主觀感覺是無精打采、悶悶不樂、憂鬱，這是由於個人無法再控制心理**能量**為自我所用的緣故。這樣的狀況可與原始人所稱的**失魂落魄**相呼應。不論造成的原因為何，心智水準降低描述的就是這類心理狀態。

情緒抒洩
abreaction

創傷時刻的生動重演，在清醒或催眠狀態下的情緒再現，一種「使創傷經驗失去影響力，直到它不再令人不安」的鬆綁與重述（CW16, para. 262）。

對情緒抒洩的運用可連結到佛洛伊德的**創傷**理論與他早期的精神分析經驗。對於使用情緒抒洩的療效，榮格與佛洛伊德的觀點不同。顧及到此法的不足，榮格進一步界定了自己的方法，並闡明移情在治療中的角色（參見 analyst and patient **分析師與病人**）。

使用此法（透過暗示或所謂的宣洩法），榮格發現情緒抒洩療效不足，甚且無用或有害（就如佛洛伊德日後發現的那樣）。他認定治療的目標應該放在把創傷導致的**解離**重新予以**整合**，而非進行情緒宣洩。在他的觀點裡，再次經驗創傷，所應當揭示的是**神經症**的兩極觀點，這樣當事人才能再次連接起**情結**中正向或具希望的內容，藉此重獲對**情感**的控制。藉由與治療師的關係，將可充分強化患者的人格意識，原先不受控的自主情結，就會重新被納入**自我**的權威之下。

情緒抒洩是**分析**中有關**行動展現**的一種形式，在其他的療法中佔有重要的中心地位（例如原始療法／primal therapy）。

行動化
acting out

榮格的「**膨脹**」概念在相當程度上類似於佛洛伊德對「行動化」一詞的使用，意指「主體被潛意識願望與幻想所擄獲，且因拒絕承認其潛意識來源及其重複性的特徵而被強化，導致他感到必須在當下立即性地將此願望與幻想釋放出來。」（Laplanche and Pontalis, 1980）。我們注意到，在某些原型認同（identification with an archetype）的例子裡，強迫性、驅迫性與重複性的行為特徵並未分化，也未置於**自我**的控制之下。此等自我權威缺席的狀況似乎源於對動機性力量的拒絕承認或無法承認，因此繞過了意識的覺知。心靈入侵物之內容的象徵性本質在此被忽略了（參見 enactment **行動制定**；incest **亂倫**）。

積極想像
active imagination

榮格在 1935 年使用這個術語時是用以描述醒著作夢的過程（CW6, para. 723n）。此過程的開始，是由當事人集中在某個特定的點上，或某種心情、某個畫面，或某樁事件，然後允許自己產生一連串相關的**幻想**並逐漸使之擔負起顯著的角色。因此這些意象就會長出自己的生命，並根據自身邏輯來發展。當事人必須在此時克服

意識上的懷疑，並允許後續的任何東西進入意識之中。

這在心理上創造了一個全新的情境。原本無關的內容或多或少變得更加清晰、更有條理。由於感受被喚起，意識**自我**受刺激後的反應比起**夢**更加迅速與直接。由於在積極想像中浮現的意象也會出現在日後的夢中，因此榮格認為，它可以加快意象的成熟。

積極想像和白日夢不同，後者多少帶著個人的創造，而且僅停留在個人及日常經驗的表層。積極想像是意識創造的對立面。它表現的劇情似乎是想強迫觀看者進入參與。一個**潛意識**曝光在清醒狀態中的全新情境被創造出來了（CW 14, para. 706）。榮格在此發現了**超越功能**發生作用的證據，易言之，意識與潛意識因素合作過程中出現的事物，有幾種方式可以處理。積極想像的過程本身有正向且充滿活力的效果，但其內容（如同處理夢境一樣）也能被畫出來（參見 painting **繪畫**）。病人也可被鼓勵寫下他們的幻想以便在發生時固定其過程，而這樣的紀錄可在日後帶入**分析**中進行**闡釋**。

然而，榮格也主張，幻想帶來的**意象**本身已具有它在心理生活中接續成長和蛻變所需要的一切。他告誡道，在積極幻想時不要與外界接觸，而要將其視為煉金過程中所必需的「密封容器」（參見 alchemy **煉金術**）。他不建議將積極想像無差別應用在每個人身上；榮格發現在分析的後期，當意象客觀化已能取代夢時最有效果。

這樣的幻想需要意識生活的共同參與。積極想像會刺激**神經症**的療效，但只有在它被整合，且不被當成意識生活勞動的替代物或逃避處時才能獲得成功。與被動經驗到的夢境相比，此想像過程需

要**自我**積極且創造性的參與（參見 Weaver, 1964; Watkins, 1976; Jaffé, 1979）。

這個將潛意識閾限外的內容給瞬間抬升進入意識的方法並非沒有心理危害（參見 *abaissement du niveau mental* **心智水準降低**）。在這些可能的危害中，榮格特別關注三件事：

⑴．病人如果仍限於自身情結的迴圈中，則此過程不會有什麼效果；

⑵．病人被幻想的表象給魅惑，從而忽略自己應該與之對抗；

⑶．潛意識內容佔有過大的**能量**，當其一旦有了出口，就會佔據整個人格（參見 inflation **膨脹**；possession **佔據**）。

調適／適應
adaptation

使內部和外部因素產生聯繫，並予以平衡。與順從有所不同，調適是**個體化**的重要面向之一。

根據榮格的觀點，調適失敗可被視為**神經症**的定義之一。它有時表現於外在現實的層面，有時則表現於內在現實的層面。在**分析**中，要先處理好外在現實的問題，才能使病人去面對深刻且壓迫他的內在議題。榮格指出，調適本身也意味著平衡內外世界的需求，而這兩種需求往往差異頗大。在一開始，分析傾向破壞當事人原先已達成的調適，但之後他可能會看見這個破壞過程是必要的，因為

早先的調適是虛偽的，而且代價高昂。

調適的模式很多，因人以及**類型學**的不同而有差異。然而，過度依賴特定的調適模式，或者過度專注於滿足內在或外在世界的需索時，也可被視為神經症。

調適一詞也和個人要求與**集體**要求間的緊張關係有關。對此，榮格的意見是，這必須取決於個體的不同情況；某些個體需要更多的「私我領域」，有些人則需要更多的「集體認同」（CW7, para. 462）。參見 unconscious **潛意識**。親密關係是內在與外在、個體與集體彼此相互滲透的好例子。對婚姻伴侶的調適，就可從上述這些層次來看待。

調適是否等同「正常」呢？關於所謂的「正常」人，榮格寫道，這種能將「各種特質快樂地混雜在一起」的人是「理想」且「罕見」的（CW7, para. 80）。這個觀點和佛洛伊德將「正常」描述為「理想的杜撰小說」相類似（1937）。

（神經症的）病因
aetiology (of neurosis)

在佛洛伊德與榮格合作研究精神分析期間，對心理困擾成因的尋求使他們得到了共同的結論，那就是**神經症**的病因無法追溯自單一的創傷經驗。舉例來說，榮格認為病人的個人生命態度也可被視為原因之一。更重要地，他發現病因不能全歸因於真實人物（例如父母）帶來的創傷影響，也要同時考量原型幻想的投射。這兩種原

因的相對重要程度可以透過分析來評估，他意識到，這等迷人且具驅迫力、有如天神般具影響力的意象必須納入考量（參見 image **意象**；imago **意像**）。

榮格以為，從心理治療的觀點來看，確實有某些神經症案例的真實病因要到治療的後期才會顯現，甚至對某些案例來說病因並不重要。他反對所有神經症皆起源於兒童時期的看法，以及病人必須知曉自己的病因才可能得到治療的觀點。

在 1912 年之後，榮格提到了一種「終極」視角的需要，來與佛洛伊德「因果論」的立場相對立（參見 reductive and synthetic method **還原與合成法**）。在之後的研究與寫作中，特別是在**個體化**的主題裡，他提出病因的重要性或許並不侷限於病理的起源，它在個人的發展上也扮演重要角色（參見 teleological point of view **目的論的觀點**）。他表示，在多數的案例中，神經症的起因和失去**意義**及價值感有關。

山德納與畢比（Sadner and Beebe, 1982）將神經症看作「**心靈**在面臨難以忍受的痛苦時而解體或分裂的傾向」。惠爾萊特（Wheelwright, 1982）談到，神經症與精神病都是「開啟個人成長與發展的自然嘗試」，佩瑞（Perry, 1974, 1976）在從事精神病研究與實驗時也採取這個觀點。

情感
affect

　　情緒的同義詞；對有足夠強度、可引起緊張激動或其他明顯心理動作不安的感受。一個人可以控制感受，但情感卻可違背人的**意志**並且難以壓抑。情感的爆發是對個體的入侵，它會暫時性地掌控**自我**。

　　情緒會發生在我們身上，而情感則發生在我們**調適**最弱，且同時暴露出其所以為弱點的時候。這個假設是榮格最初進行**字詞聯想測驗**時的中心論點。他發現**情結**的關鍵正是某個滿載情感的回應。情感會揭露心理價值的軌跡與力量。對心靈傷口的測量即是對此傷口碰觸後所激起的情感反應。

煉金術
alchemy

　　榮格認為，從象徵的眼光而非科學的眼光來看，煉金術可被視為現代**潛意識**研究的前導之一，特別是從人格**轉化**的分析價值來說。煉金術士將個人的內在歷程投射到他們所做的事情上，並在各種操作過程中，享受著深刻且激情的情感與靈性體會。重要的是，他們不打算將此經驗與活動拆分理解，由此觀之，他們與當代心理學態度有著共通的聯繫，至少從後見之明的角度是如此。好比**分析**

心理學與**精神分析**在其誕生的時代一樣，煉金術也被視為顛覆、暗潮洶湧的力量：它那鮮明樸拙的意象對比於中世紀基督教制式且呆板的表達形式，猶如精神分析對維多利亞時代的拘謹和自滿所帶來的震撼。

由今日重建後的情況來看，十五與十六世紀的煉金術士有兩個彼此關連的目標：（1）將基本材料改變或轉化成更貴重的東西，以不同方式來說，指的是黃金、長生不老藥或哲人石；（2）將基本物質轉化成**精神**，簡言之，釋放它的**靈魂**。反過來說，煉金術士也試著把自己的靈魂轉化成物質的形式，而他潛意識的投射滿足了這項需要。這些不同的目標都可被視為對心理成長與發展的**隱喻**。

煉金術士會採用以**兩極**組織成的架構來小心地選用元素。這是由於兩極的吸引會導致雙方最終的結合，產生一種自其中誕生卻與之不同的全新物質。在化學結合（combination）與再生（regeneration）多次以不同方式發生之後，新的物質以純粹的形式現身了。這樣的物質似乎並不存在於自然界，這使榮格認為，煉金術或許必須用象徵性的視角來理解，而非如今認定的偽科學（參見 symbol **象徵**）。

這樣的概念與煉金術文獻特別有關。在那些文獻裡，如同我們所作的**夢**，我們在那裡看見不同元素會以人類或動物來表徵，而所謂的「化學」過程（因為煉金術也是現代化學的前身）則以性交的意象或其他身體活動來描繪。例如，兩種元素的結合可以用男女性交、生小孩、結合為**雌雄同體人**，或變成**雙性共身者**來表現。男性與女性的形象之所以深深吸引煉金術士，或許是由於男與女是最基本的兩極形式

（又或者，是最基本的心理兩極存在的代表）。因為性交的結果會帶來全新的個體，但卻與生下他們的雙親互異，我們可以見到人類與其發展被**象徵性地**運用，來暗指內在心靈過程以及個體人格的成長。

但我們也不應認為此觀點忽略了人際因素。煉金術士（通常是男性）常與另一人合作（有時是真人，有時是幻想人物），這個人常以 *soror mystica* 或神祕姐妹（參見 anima **阿尼瑪**）來指稱。這個「他者」在心理變化的過程所扮演的角色如今已廣為人知，例如拉岡（Lacan, 1949）將之稱為「鏡像階段」，溫尼考特（Winniciott, 1967）則強調母親對嬰孩的鏡映會影響後者自我的整合與價值感，而這僅是兩個知名的例子。因此，煉金術同時橫跨了人際間與個體內的分隔線，它是闡明了與他人的關係將如何促進個人內在成長，以及內在心靈過程如何能為個人關係加油添薪的**隱喻**。

煉金術成為了我們討論**分析師與病人**關係時最直接的隱喻。榮格對辯證過程與相互轉化之議題的強調都可透過煉金術來說明（CW16, *The Psychology of the transference*）。在移情作用中，相較於病人，分析師既是一個人，也是病人內在內容物的投射，包含雙親、議題、潛力等。**分析**的任務是自物質的牢籠（例如**神經症**）中釋放當事人的靈魂（例如潛力）；當代心理治療師自病人心理所看見的，正是過去的煉金術士自化學形式所中見到的。「人格是由濃重憂鬱的鉛、易燃激進的硫磺、苦澀明智的鹽，以及多變閃爍的汞的特定組合。」（Hillman, 1975, p. 186）

　　煉金術的概念核心是**心靈**與**物質**的分化。包含**意義**、目的、情緒等心理因素在什麼程度上可被看作是自然以及物質世界的操作，這與對投射的分析有關，同時也因脈絡的不同而有變化（參見 psychoid unconscious **類心靈潛意識**；synchronicity **共時性**；*unus mundus* **一體世界**）。在某些人眼裡，榮格對煉金術的興趣似乎有些可疑，甚或有損聲譽，而他將核心臨床概念，例如移情，與煉金術相連結的作法更是使人難以理解。然而，除卻榮格本人覺得自己與煉金術士有著兄弟般的情誼，因而提供了一定程度的情感支持外，煉金術還使他能另採一個有別於醫學或**宗教**，且單一、靈活的有利觀點來探索心理的成長與改變、心理治療，與心理普遍性之本質等議題。

　　榮格的著作添加了不少對煉金術的引用，下面附上一份簡短的詞彙表，並加上對特定術語的解釋。

　　達人（*Adept*）：煉金術士，他有意識地參與煉金工作，因此也象徵自我與分析師。

　　合化（*Coniunctio*）：最初置入的不同元素在容器（參見下文）中的交配。當煉金術的隱喻被應用在分析時，可能要注意下列幾種不同的**合化**過程：（1）分析師與他所分析的對立極，亦即與病人之間有意識的工作同盟；為了分析而建立的共同目標之發展。（2）在病人變得更能自我覺察後，其**意識**與其潛意識間的合化。（3）在分析師身上發生的同樣歷程。（4）病人潛意識中敵對與衝突傾向的逐漸整合。（5）在分析師身上發生的同樣歷程。（6）原先全然感官或物質的面向與全然精神現象逐漸融合，產生了更不偏狹片面的立場。

發酵（*Fermentatio*）：元素釀造過程的煉金階段。在心理分析中，指的是移情與反移情的演進。

聖婚（*Hierosgamos*）：字面上的意思是「神聖的婚姻」。合化的特別形式，用以強調「神聖」與「婚姻」兩個重點；因而指稱精神與身體的連結。在基督教奧古斯丁派中，聖婚存在於基督與教會之間，在十字架這個婚床上帶來圓滿的成果。

受胎（*Impregnatio*）：靈魂自身體（物質）的牢籠中釋放，並且上升至天堂的煉金階段。在心理分析中，指的是病人的改變，可能會有「全新之人」的出現。

哲人石（*Lapis*）：哲學家的石頭，煉金術士的目標。煉金術士有時也將此石看作所追求之目標的隱喻。因此，哲人石指的是自我實現與**個體化**。

墨丘利（*Mercurius*）：此神擁有變化成萬千形式，卻仍能維持自身存在的能力，而此能力正是心理變化中所需要的。在心理分析中，祂被榮格形容為「同盟中的第三方」，而祂令人惱怒且頑皮的那一面被祂能帶來轉化的傾向給平衡了（CW16, para. 384）。對煉金術士來說，墨丘利的重要性仰賴於這樣的事實：祂同時是邪惡、卑劣、腐臭，但也是神聖的。祂是啟示與**啟蒙**之神，合化的**擬人化**（參見 trickster **搗蛋鬼**）。

死化／重生（*Mortificatio*）：原本的元素死去了，不再以其原有形式存在的煉金過程。在心理分析中，用來指稱症狀可能得到了新的意義以及分析關係可能得到了新的重要性。

黑化（*Nigredo*）：元素逐漸渾濁黯淡，意味著某些重要事情即將發生的煉金階段。在心理分析中，可能會以開頭蜜月期結束後的憂鬱形式來表現。一般來說，它指的是直面**陰影**。（譯註：原書條目順序錯誤，今依字母順序調整。）

偉業（*Opus*）：煉金的過程與工作。也指一生懸命的工作，亦即**個體化**。

原初物質（*Prima materia*），又稱混亂狀態：處於混亂狀態中的原本的元素。

腐化（*Putrifactio*）：煉金階段。腐敗的元素釋放出氣體，這是**轉化**的預兆。

姐妹／神祕姐妹（*Soror*）：與達人相關的真人或象徵人物。在分析中，病人與分析師都會採用這些角色。

元素嬗變（*Transmutation of elements*）：煉金術的核心理念，元素可被轉化並成為新的產品。參見 energy **能量**。

容器（*Vas*）：煉金容器。在心理分析中，指的是分析關係中每個能提供包容涵納之處。

自相矛盾性／既是且非
ambivalence

由布魯勒（Bleuler）引介的術語（參見 psychoanalysis **精神分析**），榮格在許多方面都使用這個詞，羅列並詳述如下：

⑴‧指對同一對象（人、意象、念頭、自我的某部分）同時有著正面與負面的融合感受。這些情感源於同處，而非該對象本身具有混雜的特質。舉例來說，嬰兒對母親的自相矛盾性就出於嬰兒內部本有的愛恨能力，而非母親自身可愛或可恨的性格特質（儘管這些無疑會強化嬰兒的自相矛盾性）。實際上，榮格採用自相矛盾性一詞經常是在「二價」（bivalence）的意義上使用的；他顯然遵從正負二極的觀點。這反映了他看待明顯不同的心靈元素在混合之後會出現更偉大之一致性的思想傾向（參見 depressive position **憂鬱心理位置**；opposites **兩極**）。

⑵‧有時矛盾感受也會超過兩種。那麼榮格在使用該術語時，就會反映他心理學假設的另一面：對心靈的破碎性、多元性與流動性的興趣。此時的自相矛盾性指的便是一種人性的狀況。

⑶‧根據榮格的觀點，每種狀態都意味著對自身的否定，而自相矛盾性描述了這個現象。舉例來說，心理**能量**理論上是中性的，可被視為具有潛在的自相矛盾性，它同時為生與死服務。在人的前半生，心理能量奮發成長；在後半生，則朝向另一個不同的目標（CW5, para. 681）。參見 death instinct **死亡本能**；stages of life **生命階段**。

⑷‧自相矛盾性是與父母意象（參見 Great Mother **大母神**；imago **意像**）及總體的原型意象（參見 archetype **原型**）有關的必然性。

⑸‧自相矛盾性是世上的一種存在，「自然的力量總是帶著兩張不同的臉孔，上帝也是如此，如同約伯所發現的那樣。」（CW5, para. 165）生命本身，「善與惡、成功與毀滅、希望與絕望，總是相

互抵銷，平衡著彼此。」（CW9ii, para. 24）這個普世主題中最有力，且具代表性的就是天神赫密斯／墨丘利（參見 alchemy **煉金術**；myth **神話**）。

擴大法
amplification

榮格**闡釋**法的一部分（特別是用在解**夢**時）。透過**聯想法**，他試著建立夢的個人脈絡；藉著擴大法，他使夢與普世的意象產生了聯繫。擴大法包含對神話的使用、歷史與文化相似性的比較，以此釐清並使夢的象徵隱喻內容被擴大（參見 culture **文化**；fairytales **童話**；metaphor **隱喻**；myth **神話**；symbol **象徵**）。榮格以被箝入了意象的「心理組織」（the psychological tissue）來稱呼它。

擴大法能使作夢者放下對夢意象的純私人與個人化態度。它強調的是隱喻式的解讀，而非僅對夢境內容進行表面的轉譯，並讓作夢者能有進行選擇的準備。若要這麼做，就要先找出對作夢者來說最立即相關的事物，然後允許其對**反思**後的結果做進一步理解。還有另一種不是由榮格所制訂的方式，也就是藉著擴大法，使人有意識地去經驗內在的自我，並作為原型能量的一部分而存在，而非承載原型能量的客體（參見下文最後一段）。

擴大法的使用也有危險存在。危險之一是過度的理智化，另一個則是意義的過度擴充浮濫及因此產生的**膨脹**。榮格的觀點是，藉

由反思與選擇，人能與其**潛意識**建立一段負責任與有意義的關係，並藉由這樣的對話促進**個體化**的歷程。

榮格將擴大法視為合成法的基礎（參見 reductive and synthetic methods **還原與合成法**）。他認為擴大法的目的是使作夢者潛意識所顯現的事物變得更為清晰與豐厚。這會使作夢者看見獨特卻普世的意義、個人與**集體**模式的合成。在他最早期試著建構**原型**理論及其與擴大法間的聯繫時，榮格曾談到在**分析**中去分解個人心理系統並將其轉成典型元件的需要。「即便是最個體化的系統也絕不是獨一無二的。」他這麼說道，「而是與其他的系統有明顯無疑的相似之處。」（CW3, para. 413）他在此處提及，在建構我們對當事人的解釋時，擴大法是我們的憑依，它可協助我們擴充解讀的基礎。此說法與將現實視為「全像」（holographic）的當代觀點相似，因為擴大法促成了同時且相異的視角（Wilber, 1982）。

分析
analysis

榮格式的分析是**分析師與病人**雙方長期的辯證關係，且指向了對當事人**潛意識**內容與歷程的探索，目的是減緩它對當事人意識生活的干擾，從而感到再也無法忍受的心靈狀況。這樣的困擾可能有神經症的特性（參見 neurosis **神經症**）或者是某個更深的精神病傾向的表現（參見 psychosis **精神病**）。雖然是從困擾的減緩開始，榮格

式分析的實務工作還包含對個體化的體驗，不論病人是兒童、青少年，還是已踏入人生後半段的成年人（參見 stages of life **生命階段**），但這些體驗不見得會使**個體化**歷程真的發生。要想區別分析與**心理治療**的差異，實務工作裡的分析師必須基於兩者強度、深度、晤談頻率、晤談時間長短，以及對病人的心理能力及限制的實際評估來做分辨。

在榮格的定義裡（CW6），他並未把分析納為專業術語來說明，但他一開始的方法論模式是**精神分析**。1913 年與佛洛伊德決裂之後，榮格在此模式中引入了重要的改變，此改變與他自身的經驗和概念的建構相一致。他的個人觀點影響了技術的使用（舉例來說，他對「面對面」談話的偏好）。當後來的分析心理學家偏離了他的作法後，他們就得重建理念來支持自己的治療程序（參見 analytical psychology **分析心理學**）。

榮格對精神分析的反對意見可歸結如下：（1）他認為**兩極**在許多心理事件中都扮演著重要角色，在此基礎上他開展了自己對心理能量的觀點。這使榮格堅持使用被他稱為「合成法」的分析法，它最終導致了對立心理原則的合成（參見 reductive and synthetic methods **還原與合成法**）；（2）雖然他的原意不是要去質疑本能驅動了心理生活，但他認為本能會不斷與其他事物相「碰撞」。由於找不到更適合的詞彙來稱呼它，他便將之稱為「精神」（spirit）。他將**精神**視為當個人與意象形式相遇時的一種原型力量。因此榮格派的分析就包含了與原型意象的工作（參見 archetype **原型**）；（3）榮格承認，他

更願意「看向一個人內在的健康與健全之處，而非看向他的缺陷之處」（CW4, paras. 773-774），這說明了他為何會在分析中採取**目的論的觀點**；（4）他對**宗教**的態度很正向。但這並不一定導向了對宗教本身的強調，而是關注**自性**的需求與**自我**的需求，同時這暗示並假設分析的經驗和**意義**的發現有緊密連結。

除了榮格本人所闡述的差異外，亨德森（Henderson, 1982）也提到，榮格對**神話**及其相關的普遍模式之依賴，相較於佛洛伊德「封閉的分析系統」，他對辯證性過程的引入產生了對**退行**的不同觀點，那不僅是為自我服務，也為自性服務；同時也產生了將個人與意象的原型材料以象徵性方法相聯繫的**擴大法**，並以象徵性方法來分析移情／反移情現象。

1929 年，榮格為他認為的分析治療階段寫下了分析的四個步驟。蘭伯特（Lambert, 1981）與史丹（M. Stein, 1982）曾指出這四個階段並不必然會接續發生，而是展現了分析工作的不同面向。

第一階段是**宣洩**或清理（參見 abreaction **情緒抒洩**）。榮格談到這是古老方法的科學應用，也就是懺悔以及將之與儀式、**啟蒙**工作相連結。當一個人向另一個人傾訴時，會瓦解他的個人防衛以及神經症的隔離感；從而為新階段的成長及不同狀態的誕生預備好道路。

榮格指出第二階段是**_解釋說明_**（elucidation）。在此階段，與潛意識歷程的聯繫將會顯現出來，覺察到此將會帶來態度的顯著改變，個人會感到意識智力的卓越與高傲被獻祭**犧牲**。

　　第三階段是**教育**，或者將病人「吸引向前」以回應新的可能性，這與精神分析的「修通」概念相關，這通常是走向**整合**的漫長過程。

　　第四階段是**轉化**。然而轉化不應被認為只和病人有關。分析師也必須改變或轉化他的態度來和改變中的病人產生互動。

分析師與病人
analyst and patient

　　榮格很強調不能把分析關係視為醫療或技術程序。他把**分析**視為「辯證的過程」，也就是說晤談雙方都同等參與其中，這是兩人之間雙向的互動。分析師不能僅在治療過程中運用他可能擁有的權威，而當他和病人同樣「處於」治療中時，使治療具決定性的是他個人的發展程度而非他擁有的知識。由於此因，榮格是第一個開始為想從事治療工作的分析師進行強制性訓練分析的人（CW4, para. 536; Freud, 1912）。榮格對平等的強調是有些理想主義的成分，且最好要由分析雙方的相互關係來考慮，在瞭解雙方的角色並不相同時，承認分析師同樣會有情感的涉入。

　　在榮格的概念裡，分析師要對治療過程與分析關係的演進採取彈性的態度。我們再一次看見，這樣的理想主義需要耐心安撫，而榮格本人對此想法的貢獻則是他對分析四個階段的觀點。尤其值得注意的，是自病人身上學習的需要以及對其**心靈現實**的調適。

從這些論述可知，榮格當時就已強調了如今被稱為真實關係或分析師與病人的治療同盟等概念。這與下面要討論的移情與反移情問題不同。在當代的精神分析中也發生了類似的運動，「病人與其分析師之間非神經質的、理性的、合宜的，以及可使病人有目的地在分析情境中去工作的投契關係（rapport）」已分別在不同處被提及（Greeson and Wexler, 1969）。

榮格對移情的態度有頗大的差異。一方面，移情被視為分析的核心特徵，無論如何都不可避免；在其偉大的治療效用中融合了崇高與厭恨（CW16, paras 283-284, 358, 371）。另一方面，移情有時被認定為不過是一種情慾感受以及「阻礙」：「你並非透過移情去治療，而是不顧其作用才能進行治療。」

榮格的分歧態度也反映在他 1961 年過世之後，分析心理學演變出來的各流派之中。有些分析師認為，對病人素材的象徵性內容進行解讀更為重要，而移情分析則分散了此事的焦點。其他人則認為，在移情分析中，他們可能會遇到在成年病人身上仍在運作的嬰兒期創傷或剝奪。因此後者不會為了偏好「現實」而去尋求消融移情關係。近來這樣的分歧比起以往已經少了很多，因為分析師已然明白內容分析（象徵）與歷程分析（移情）其實是硬幣的不同兩面。

自分析心理學中演化的移情概念與精神分析的移情概念有重大的差異。榮格將移情區分為個人與原型內容，就如他曾寫下個人與集體**潛意識**的區別一樣。個人移情不僅包含病人與過去他人的關係、他投射在分析師上的父母形象，也包含他個人的潛力與**陰影**

（參見 imago **意像**；projection **投射**）。也就是說，分析師不僅代表且持有（hold）病人心靈中某些尚未完全發展的部分，同時也包含被病人所棄絕的部分人格。

原型移情有兩種意義。首先，這些移情投射並非奠基於病人對外在世界的個人經驗。舉例來說，在潛意識幻想的基礎上，分析師很可能被視為神奇的療癒者或帶著威脅性的惡魔，這個意象比起源於普通經驗的意象有更強大的力量（參見 archetype **原型**；mana personality **魔力人格**）。

其次，原型移情也指涉分析中一般可預期的事件，亦即分析過程對分析師與病人關係的影響。此模式可表意如下，該圖改編自榮格的圖表（Cw16, para. 422）。

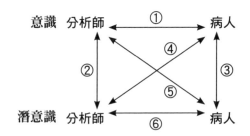

雙箭頭表示雙向的溝通與關連性。❶表示治療同盟。❷反映了這樣的事實，在分析中，分析師同時藉由自身的潛意識來增進對病人的瞭解，也將遭遇那使他成為**負傷療癒者**的經歷。他個人的分析經驗將會在此處產生影響。❸代表病人對自身問題意識的啟蒙階段，在此之前，這樣的覺察會因自身的抗拒與對**人格面具**的投入而遭打斷。❹與❺指的是分析關係對醫病雙方的潛意識生活帶來的影響，人格間的混雜將導致雙方產生某種情況的對立，但後者會為個人帶來改變的可能性。❻指的是分析師與病人潛意識之間的直接溝通。最後一項假設支撐鞏固著對於反移情的各種想法（參見下文）。榮格覺得，他在**煉金術**中已經為原型移情的此點意義找到了直接有效的**隱喻**。

榮格是將反移情用在治療中的早期先驅之一。直到 1950 年代之前，精神分析師依舊跟隨佛洛伊德的看法，他們傾向認為反移情必然與神經症有關，是對分析師嬰兒期衝突的激化，及對分析師功能的阻礙（Freud, 1910, 1913）。榮格在 1929 年寫道：「如果你很難被影響，你就無法施加任何影響……病人會潛意識地影響〔分析師〕……當中最為人所熟知的症狀就是被移情所誘發的反移情。」（Cw16, para. 163）總結來說，榮格認為反移情是「一種對分析師來說高度重要的訊息機制。」（同上）某些反移情並非良性的，榮格接受這類觀點，他認為該狀況與「心靈感染」及認同病人所產生的危險有關（Cw16, para. 358, 365）。

當代的分析心理學深化了榮格對於反移情的興趣。佛登（Fordham, 1957）認為分析師可能會與病人的內在世界高度同頻，以致於他事後發覺自己的感受與行為，不過是病人內在心理過程投射在分析師身上所造成的延伸。佛登稱此為「諧振的」（syntonic）反移情。他用該詞來和「幻覺的」（illusory）反移情相對照（意指分析師對病人所產生的神經症反應）。該取向的核心特徵及其與當前精神分析的相似性在於，分析師的情緒與行為與病人一樣要受到同等多的檢視（參見 Heimann, 1950; Langs, 1978; Little, 1957; Searles, 1968）。

榮格對病人**退行**的態度值得我們注意。他爭論道，在進行分析時可能得去支持病人的退行，直到接近非常原始的運作形式。在那之後，心理的成長才可能回復。這點可與佛洛伊德對退行所採取的嚴厲態度做個對比，但晚近的精神分析師已對此有所修正（Balint, 1968）。

分析心理學
analytical psychology

1913 年，當榮格離開精神分析運動後，他開始使用「分析心理學」這個詞來稱呼這門他新創建的、由**精神分析**中演化而來的心理科學。再過些時候，也就是當他建立自己的基礎之後，他參考了佛洛伊德的「精神分析法」以及阿德勒（Adler）的「個體心理學」，並

表示他更偏好將自己的治療取向稱為「分析心理學」，用以廣泛地包含上述兩人的概念及其他想法。

在分析研究的早期，也就是二十世紀初，布魯勒（Bleuler）曾建議使用「**深度心理學**」一詞來指稱關切心靈深層領域——也就是潛意識的心理學。榮格發現這個詞有其限制，因為那時他就看見自己的方法是象徵性的，它同時與意識及潛意識（參見 symbol **象徵**）有關。由托尼·沃爾夫（Tony Wolff）創用的「情結心理學」一詞如今已不再使用，因為它所強調的雖然重要，卻只是榮格觀點中有限的一部分。

榮格總是宣稱他的心理學是以實證為基礎的科學。因此，在今日的普遍使用裡，分析心理學擁抱了理論、著作與研究，同時也看重心理治療的實務工作。榮格派分析師的國際專業協會稱為國際分析心理學學會（International Association for Analytical Psychology）。

榮格的理論與方法現已匯集成冊，並可在二十卷的《榮格全集》以及個別出版的通信集、回憶錄、訪談與傳記作品中取得。分析心理學主要概念的簡短定義或提要在 1921 年刊行的《心理類型》（*Psychological Types*）中被一併出版，包括：心理**能量**的定義，榮格認為它源於本能，此外，它可與物理能量相比擬，且受制於同樣的原則，但與之不同的是，心理能量不僅是起因也是目的；**潛意識**則被視為**意識**的互補，且同時是從前的個人經驗，亦即普世意象（參見 archetype **原型**；symbol **象徵**）的儲藏庫，潛意識向意識溝通自身，並藉著**情結**的運作潛藏於個人之下並激勵其行動，以此揭露潛在的意

象，會明顯表現在態度、行動、選擇、**夢**以及疾病中；人的**心靈叢**聚為次人格的形式或可被識別為**人格面具**、**自我**、**陰影**、**阿尼瑪與阿尼姆斯**、**智慧老人**、**大母神**與**自性**等原型表徵（參見 personification **擬人化**）；最後是**個體化**，它可被視為在人生全程中，引領人表現其基本完整性的人格統一歷程。這些就是採用了**合成法**與解釋法的心理治療所依循的基本法則，它與還原法的取向相反（參見 analysis **分析**；analyst and patient **分析師與病人**；reductive and synthetic methods **還原與合成法**）。

榮格在宗教心理學領域也著作頗豐。在他人生的不同時光中，對超自然現象、個體的**類型學**、**煉金術**，以及其他廣為人知的文化主題都很感興趣。因此，分析心理學成為運用廣泛且具專業意義的術語。

雙性共身者
androgyne

一種使男性與女性保持意識平衡的心靈**擬人化**形象。在此形象中，男性與女性原則彼此結合，但雙方的特徵並未因此隱沒。正是此隱喻性的存在，榮格才將之視為象徵煉金過程的最後產品，而非未分化的**雌雄同體人**。雙性共身者的**意象**與**分析**有關，特別是在和**阿尼瑪與阿尼姆斯**的工作中。在煉金術文獻裡，不僅有雙性共身者的參考資料，此形象的插圖也出現得很頻繁（參見 alchemy **煉金**

術）。榮格不只一次受到歷史人物耶穌的吸引，他是性別**分化**的張力與極性（tension and polarity）在雙性共身者的互補性與統一性中被解決的範例。

辛格（Singer, 1976）對雙性共身者的研究最為詳盡。參見 *coniunctio* **合化**；gender **性別**；sex **性**。

阿尼瑪與阿尼姆斯
anima and animus

男人具有的內在女人形象與運作於女人心靈中的男人形象。雖然展現的方式不同，但阿尼瑪與阿尼姆斯的特徵仍舊有共通點。兩者都是心靈的**意象**。雙方皆是由基本的原型結構中所產生的構形（參見 archetype **原型**）。作為男人的「女性面」以及女人的「男性面」基礎形式，他們被視為一組「**兩極**」。作為心靈的組成，他們潛藏於意識之下，並自潛意識心靈中發揮功能；因此，他們能帶來益處，也能藉由**佔據**來危及意識（參見下文）。他們依據男人或女人的心靈主導原則來運作，但並非常被提及的那樣，只簡單作為男女人的性別對立面而存在。他們會以**引路神**或靈魂嚮導的方式現身，也是創造可能性及**個體化**工具的必要連結。

由於他們與原型的聯繫，阿尼瑪與阿尼姆斯在許多**集體**形式和形象上有諸多代表人物：前者包括阿芙蘿黛蒂（Aphrodite）、雅典娜（Athena）、特洛伊的海倫（Helen of Troy）、聖母瑪麗亞（Mary）、智

慧女神夏比安（Sapeintia）和碧翠絲（Beatrice）等；後者則有赫密斯（Hermes）、阿波羅（Apollo）、赫拉克里斯（Hercules）、亞歷山大大帝（Alexander the Great）、羅蜜歐（Romeo）等。藉由投射，他們在公眾人物、朋友、愛人，隨處可見的尋常夫妻中吸引我們的注意力，並誘發我們熾熱的情感。我們將之視為伴侶，並在我們的夢中與之相見。作為**心靈**的擬人化組成，他們與生命相聯繫，並使我們涉入其中（參見 personification **擬人化**）。對其意象的完全實現與整合需要異性的伴侶關係方能完成。而**分析**的首要任務，就是去認識並解開**分析師與病人**這組**互補對立體**的糾纏狀態。

在他的定義中（CW6），榮格將阿尼瑪／阿尼姆斯總結為「靈魂意象」。他後來繼續闡明這個說法，將之稱為「非我」（not-I）。作為男人的非我，它最可能與女性事物有關。也因為「非我」意味著在他自己之外，所以也屬於他的靈魂或精神。阿尼瑪（或阿尼姆斯，看狀況而定）是發生在男人身上的各種心情、反應、衝動的先驗元素，也是女人的承諾、信仰、靈感的先驗元素；同時能促使雙方去認識個人心理生活中每件自發與有意義的事項。榮格斷言道，在阿尼姆斯的背後，有著「意義的原型；一如阿尼瑪是生命本身的原型那樣。」（CW9i, para. 66）

這些**概念**是從經驗中構想出來的，這使榮格能在大範圍與可視的心靈現象中保持連貫性，並在與病人工作時進一步區分它們。在分析中，分離出阿尼瑪或阿尼姆斯與覺察**陰影**的初步工作緊密相關。這些原始意象描繪了半意識的心靈**情結**，他們是自主且相當

獨立的**擬人化**形象，會在日常生活的接觸中變得更堅固、更有影響力，最終成為意識。榮格警告，不要將之**概念化**（從而失去了與作為生命力量的阿尼瑪／阿尼姆斯之間的聯繫）或者在工作時用否認的態度對待此種內在形象的**心靈現實**。

被阿尼瑪或阿尼姆斯佔據時，會使人格的心理特徵往與原先的相異性別做轉變，並使之成為主導特質。不論是哪一種，人都會因此先失去自己的個性，然後是他的魅力與價值。對男人來說，他會被阿尼瑪與**厄洛斯**原則所主導，意指變得躁動、濫交、喜怒無常，且多愁善感——也就是任何可被形容為不受約束的情緒。而臣服於阿尼姆斯與**邏各斯**原則之權威的女人則變得有控制欲、頑固、殘忍、專制。兩者都會變得狹隘且片面。男人被差勁的人吸引，並建立無意義的親密關係；女人則會被二流的思想所欺瞞，並在毫無來由的確信中盲目前行。

用比較不專業的詞彙來說吧！榮格認為，當阿尼瑪以小說人物或電影明星的方式現身時，男人會很快地接受她。但要把她當成生命中的某個真實角色來看待時，那可就是完全不一樣的事了。

如果榮格曾對阿尼姆斯提到相對應的說法的話，他可能會說，女人直到最近都還太過輕易且傾向讓男人為女人戰鬥，並偷偷期待會有騎著白馬的騎士來拯救自己。但現在已是她們和男人並肩而立接受自己位置，而非學習成為男人的時候，那是完全不一樣的事。想要擁有平等的地位，同時又渴望對女人的真實身分維持認同，女

人必須接受自己才是生命中的真正主宰，並摘下她們自身權威來源的面具。

希爾曼（Hillman, 1972, 1975）探索且闡釋過阿尼瑪心理學。他堅持認為阿尼瑪是整個西方文化潛意識的擬人化，且可能是使我們的想像力能被釋放的意象。

關於阿尼姆斯，目前還未有類似的深度研究。由於在男性主導的社會中，受阿尼姆斯佔據的不幸內涵可能表示了女性先鋒的特質，因此相較於負面且後天的阿尼姆斯，很少人關注那些所謂正向或自然的阿尼姆斯對心靈的介入（Ulanov, 1981）。

焦慮
anxiety

在榮格對此術語的使用裡，有幾個特別之處可識別：

⑴·並非所有焦慮都有性基礎（參見 psychoanalysis **精神分析**）；

⑵·藉由將人的注意力吸引到對事物的無欲求狀態，焦慮也可以有正向的層面；

⑶·焦慮可被視為迴避，用以避免對痛苦事物的覺知。

毫無疑問，榮格並沒有適當地處理**自我**為阻絕焦慮而產生的各種防衛機轉。這可能有部分原因是他將自我與**意識**劃上了等號。這也意味著自我結構的某部分可能本身就是**潛意識**的，這點並未被

榮格考慮在內。正是這些潛意識的自我防衛得去應對焦慮。同時也因為他堅持特定**情結**的內容比我們對它的命名更重要，因此榮格的理論中不存在類似於佛洛伊德對各種焦慮之討論的內容。對榮格而言，焦慮總有個人化的解釋與意義。

統覺
apperception

新的心靈內容能以變得更清楚、更好理解，或更清晰的方式來予以描繪的過程（認知、評價、直覺、感官知覺等）。它是一種內在機能，可呈現出具覺知與回應能力的**心靈**所感知的外在事物；因此，它呈的結果常是現實與幻想的交融，個人經驗與原型**意像**的混合（參見 archetype **原型**）。

榮格區別了統覺的兩種模式：主動與被動。首先是主動模式，它是主體有意識地決定去理解新的內容，由**自我**所啟動。而另一個模式（即被動模式）則是在某個內容侵入了主體的意識，並強迫其理解時所發生的。夢就時常以這種模式發生。然而不論是主動還是被動，過程都是一樣的，它都涉及了主體的參與，不論那是自願或非自願，它都要求主體進行**反思**。榮格還發現了直接與間接統覺的不同狀態，它們和理性自我的參與或非理性幻想的涉入在運作中的程度多寡有關（參見 directed and fantasy thinking **定向與幻想思維**）。

原型
archetype

意指**心靈**中所繼承下來的某個部分；它與**本能**相連，並構成了心理表現的模式；它是無法展示自身的假設性實體，只能透過其表現形式來展現。

榮格的原型理論有過三個階段的發展：1912 年他寫道，他藉由病患的潛意識生活以及自我分析認識了原始意象。這些意象和不同歷史上在各地重複出現的母題相類似，但其主要特徵是具備了超自然性、潛意識性，以及自主性（參見 *numinosum* **靈啟**）。正如榮格設想的那樣，**集體潛意識**推動了這些意象。1917 年他曾述及心靈中那些會吸引能量，並影響生活功能的非個人主導因素或節點（nonpersonal dominants and nodal points）。1919 年，他首次使用原型這個術語。榮格之所以這麼做是為了避免暗示那是某種心靈的內容，而非與潛意識及無法辨識的輪廓或基本模式有關。他還提及原型本身與可被人們實現的原型**意象**兩者有所區別。

原型是心身性的概念，連結了身體與心靈，本能與意象。這對榮格很重要，因為他不認為心理學與意象這兩者和生理驅力有關，它們也不是對後者的反映。他認為意象喚醒了本能的目標，此說法暗示著它們應當處於平等地位。

原型可從外部行為被認識，特別會叢集環繞在那些基本與普世的生命經驗周遭，例如出生、結婚、母職行為、死亡與分離。它們

也謹守人類心靈本身的結構，且可從內在或心理生活的聯繫中被觀察到，同時會藉由內在的形象揭露自己，例如**阿尼瑪**、**陰影**、**人格面具**等等。就理論而言，可能存在任何數量的原型。

原型模式在人格中等著實現自身，它們無窮的變化能力仰賴於個人的表達，同時也運用由傳統或文化期待所強化的魅力；因此，原型模式帶著一種強大、具有壓倒性能量的潛能，因而很難抗拒它（當事人抗拒的能力取決於他的發展階段以及**意識**狀態）。原型激起**情感**，讓人對現實變得盲目並且佔據我們的**意志**。以原型的方式活著就是毫無限制地活著（參見 inflation **膨脹**）。然而，對某件事做出原形式的表達，也可能是有意識地和**集體**的歷史意象展開交流，從而允許內在的對立極，例如過去與現在、個人與集體、典型與獨特（參見 opposites **兩極**）等對立極產生互動和戲耍的機會。

所有的心靈意象都在某種程度上參與了原型。這是為何夢境與其他許多心靈現象都具有超自然的性質。原型行為在危機時刻最為顯著，那時的**自我**最脆弱。原型特質可在象徵中發現，這也說明了原型特質之所以深具魅力、效用，以及反覆出現的部分原因。**神**是原型的**隱喻**，而**神話**則是原型的**行動展現**。原型既不能被人完全整合，也不能以人的形式活出來。分析包含了對個人生活中原型面向的日漸覺知。

榮格對於原型的概念立足於柏拉圖理念的傳統，亦即原型存在於神的心智，且是人類世界中所有實體的模型。康德（Kant）的先驗感知範疇和叔本華（Schopenhauer）的原型（prototypes）也是其概念的先驅。

榮格於1934年寫道：

原型（*archetypoi*）是奠定潛意識根基的原則，因其對照物的豐富程度而無法被描述，雖然它們本身可以被我們所認知到。但偏好辨別與區分的理智會自然地想要建立其單一意義，並因此錯失了核心；因為我們首先所能建立，且能與其本質相一致的事情，就是原型的多樣性意義，以及它那近乎無限豐富的對照物與範例，這使任何描述原型的單一公式都變得不可能。（CW9i, para. 80）

艾倫伯格（Ellenberger, 1970）指出，原型是榮格與佛洛伊德在定義潛意識內容與行為時的三大主要概念差異之一。繼榮格之後，諾伊曼（Neumann, 1954）觀察到原型會在每個世代反覆出現，同時也基於人類意識的擴大而發展出各種形式的歷史紀錄。希爾曼（Hillman, 1975）是原型心理學的奠基者，他引用了原型的概念作為榮格最基礎的研究成果，他認為這些心靈運作中最深刻的前提描繪了我們如何看待這個世界並與之產生聯繫。威廉斯（Williams, 1963a）則爭論道，既然原型結構在沒有個人經驗來充實它時只是一個單薄的骨架，對個人與集體經驗的領域或潛意識類別的區分或許就稍嫌學術性了些。

有關內在心靈結構的概念，也存在今日的精神分析中，尤其是克萊恩學派，例如：艾薩克斯（Issacs）的潛意識幻想、比昂（Bion）

的前概念，以及曼尼－凱利（Money-Kyrle, 1978）的論點。榮格的原型理論也可與結構主義者的想法做比較（Samuels, 1985a）。

隨著對此術語的使用日漸增加，我們開始頻繁遇見有人提及這樣的現象，例如「父親原型的必要轉變」或「轉變中的女性原型」。該詞在 1977 年被馮塔納（Fontana）的《當代思想辭典》（*Dictionary of Modern Thought*）納入。生物學家謝爾德雷克（Shedrake）則發現，榮格對原型的陳述與其（指謝爾德雷克）形態發生場（morphogenetic fields）的理論有關。

聯想
association

對於某些特定的個人與心理主題、母題、相似性、對立性或因果性而有的想法、感知、意象或幻想所產生的自發性連結。該詞也可用來指稱做出此類連結的過程（亦即藉由聯想），或專指該連結鏈中的特定詞彙（亦即某個聯想）。榮格與佛洛伊德在釋夢時對聯想有不同的用法，在其職涯開端，榮格藉由**字詞聯想測驗**對聯想做了廣泛的研究。

雖然聯想的內容是自由地進入我們的腦袋，但可被看作以有意義的序列在心理上產生的連結。在上個世紀（十九世紀）末由他人的研究所獲得的發現，使佛洛伊德在解夢時使用「自由聯想」，也讓榮格能應用此研究在字詞聯想測驗上。這項實驗工作奠定了榮格的**原**

型理論基礎。在其作為分析師的職業生涯中，他持續使用自己的聯想技術來進行**夢的闡釋**

　　佛洛伊德早期對歇斯底里的研究工作使他做出如下總結：（1）隨機或自由聯想被視為不變地指向過去，指向早期經驗並產生連結以形成記憶網絡，無論當事人是否有意識到皆是如此；（2）他認為這些網絡或系統會組織成想法的綜合體，且可以從精神有機體中分裂出來，在這樣的情況下，對某個特定聯想的意識不見得一定會與整個聯想的心理意義構成同一個整體；（3）任何一個元素、聯想的力量或滿載的能量荷（energy charge），都凝聚在一個中央節點的周遭；（4）這些因素奠定了一個人自身心理中特定心靈衝突的基礎。

　　榮格對這些想法相當熟悉，在他於伯格霍茲里（Burghölzli）精神病院工作的這段期間中，進行字詞聯想測驗的主要目標就是偵測與分析**情結**，對此議題的關注使他的研究工作被人建議稱為「情結心理學」（參見 analytical psychology **分析心理學**）。剛開始，榮格藉由聯想法探索了自己的興趣。此事的主要成果是驗證了聯想、**情感**與能量荷間的連結。

　　雖然榮格很快就放棄了實驗工作，他仍持續研究並修正對聯想的理解，他將目標放在「謹慎且有意識地闡明客觀群聚在特定意象周邊，且有相互連結的聯想。」（CW16, para. 319）。這些洞見後來被應用為他解夢方法的必要基礎。他將聯想之網描述為自然地鑲嵌夢境的心理背景（the psychological context in which a dream is naturally embedded）。

　　榮格認為，透過病人自身的聯想來進行分析剛好與透過理論來進行闡釋相反，那需要小心且持續專注在當事人的個人聯想網絡上。他將闡釋工作比喻為翻譯一份允許他人進入一個祕密的，或受嚴密保護之領域（亦即當事人的個人心靈領域）的文本。在出現阻抗與障礙之處，榮格的方式是一再回到環繞病人已覺知或未覺知到的**意象**中去進行聯想，而非對障礙進行闡釋。他藉由此方法，將夢意象中的個人情感脈絡給意識化（參見 imago **意像**）。

　　榮格對聯想的研究工作主要是為了建立原型理論，但在**心理治療**上，他認為個人的情結才是目標，而非原型的知識。在**分析**中，聯想可藉由**擴大法**對普遍性主題的應用而擴展。這也被視為聯想過程的延伸，因其含括了歷史、文化及神話的脈絡，因此，普世的原型模式以及個人情結兩者都能在聯想的過程中變得明顯（參見 myth **神話**）。

聖母瑪利亞升天教義宣言
Assumption of the Virgin Mary, Proclamation of Dogma

　　聖母瑪利亞已完成了她的塵世生活，而其肉體與靈魂升入天堂的假定則在 1950 年由教宗庇護十二世（Pope Pius XII）宣告為教義的真理。

　　榮格很歡迎這個宣言。他在此處見到了基督教版本的母親**原型**被提升到教義的位階（CW9i, para. 195）。他覺得這件事已在大眾的

想像裡做好準備，中世紀以來，特別是宣言發表前的一百年裡，此事就透過天選的**幻象**與啟示而得到強化。這些現象對他而言代表了原型急於實現它自身的衝動，在此情況下，此衝動最終促使教宗有意識且不可避免地頒布了這項宣言。

他覺得，該宣言也可被視為發生在人類的精神與心靈遺產遭到覆滅威脅時，對**物質**的接受與確認。在他看來，從象徵的角度言，這個增加的第四位，是對原先男性化的三位一體所添上的女性原則。一開始，聖母瑪利亞並不神聖，因為她代表的是**身體**，而她的存在本身療癒了物質與**精神**這對**兩極**之間的分裂。她被視為調停者，在神聖**意象**中實現了被假定存在於人類心靈之中的女性阿尼瑪角色。榮格認為，她的存在將那些異質、不相稱的要素在**完整性**的單一意象中結合在一起。

身體
body

在榮格的著作裡，關於身體的描述存在著弔詭。一方面，身體被視為有自己的權利、有自己的運作方式、需求、歡愉和議題。另一方面，身體也被視為與心智或**精神**、**心靈**密不可分。

榮格在關於原型的晚期理論中，提出了心身解釋的觀點。原型被看作連結著身體（**本能**）與心靈（**意象**）。本能與意象有相同的**類心靈**根源。因此，相較於對身體價值的貶低，榮格覺得，他的想法是對身體價值的重新評估，並為個人與**集體**心理的關係給出了新的方向。

集體心理可被理解為既在身體之中，又透過身體表達自身，這點對每個人都一樣，用一般性的語言來說，身體可視為集體**潛意識**的所在地（Stevens, 1982）。新近的研究者（例如 Henry, 1977）很嚴肅地看待榮格的暗示，並試著將原型安置在舊腦區，也就是所謂的「爬

蟲類腦」（下視丘和腦幹）。同樣地，羅西（Rossi, 1977）主張原型所在的身體位置應該位於大腦右半球。

榮格關注的焦點則略有不同。身體或許可被視為「心靈的物質實體」（Cw9i, para. 392）。身體所做的、經驗的以及所需要的，全都反映了心理的命令與願望。此身體因而也可被視為是一種「精微體」（subtle body）。有關身體意象的心理意義，其中一個例子是復活或「重生」的母題。性意象自身的心理意義（參見 androgyne **雙性共身者**；incest **亂倫**；infancy and childhood **嬰兒期與童年**）則是另一個例子。

陰影有許多方面都集中在身體上。榮格曾寫到的「基督徒的否認」就與此有關。他在述及何謂本能的生活時得出了結論，如果一個人試圖極端地透過身體來生活，那麼他會無意識地被自身的精神給抓住。榮格認為尼采（Nietzsche）和佛洛伊德兩人都符合這個描述。和被身體驅使或受其強迫不同，接納身體是走向心理成長與**個體化**絕對必須之事。

當代的分析心理學家則強調嬰兒管理身體衝動的能力、與母親協調並使之理解自己的能力，和自身與**自性**之間不斷演變發展的態度等（Newton and Redfearn, 1977）。

大腦
brain

參見 body **身體**。

宣洩
catharsis

參見 abreaction **情緒抒洩法**；analysis **分析**。

因果關係
causality

參見 aetiology（ of nuurosis ）**（神經症的）病因**；depth psychology **深度心理學**；reductive and synthesis methods **還原與合成法**；synchronicity **共時性**；teleological point of view **目的論的觀點**。

繞行
circumambulation

繞行不僅意味著進行圓周運動，還包括環繞一個中心點以標記一處神聖的區域。在心理上，榮格將其界定為對圓心點的專注與佔

據。藉由**擴大法**，他將繞行視為輪子的母題，這使他認為**自我**被**自性**這個更廣大的向度給包含其中（CW9ii, para. 352）。榮格發現此過程會反映在彌撒的轉化象徵中，以及佛教的**曼陀羅**裡。他將順時鐘運動解釋為意識的方向，而逆時鐘的繞行則是螺旋狀向下的**潛意識**方向。

繞行是煉金術的詞彙，也用以指稱對中心或對創造性變化之處的專注（譯註：或譯濃縮）。由此被劃分出來的區域或者**聖域**，是在分析時用以抵抗兩極相遇時的緊張感，並防止隨之而來的精神瓦解與解體所必要之容器的隱喻。當其顯現在潛意識過程時，夢境會被觀察到出現正在繞行或圍繞某個點打轉的情節。諾伊曼（Neumann, 1954）以中心運動（centroversion）來替代繞行這個術語，用以指稱心靈**整合**的一項原則。（譯註：另外兩條原則或方向則是外在調適與內在調適。）

集體
collective

意指相較於個體的多數。從心理分析運動先行者對**意識**與**潛意識**的區分中，榮格發展出他的集體潛意識理論，那是作為人類心靈遺產與心靈可能性的儲藏庫（參見 archetype **原型**）。他視集體為個體的對立極，個體必須將自己從前者以及過去某些時刻曾表達過、調適過和影響過的原型儲藏庫之間區分開來。

　　一個人越加成為自己，亦即他越服從於**個體化**運動的時候，他越能與眾不同地與集體的規範、標準、假設、習俗及價值觀產生差異。雖然他作為**社會**特定**文化**的一個成員而參與集體，但他仍代表不同固有潛力的獨特組合，這些潛力源於作為整體的集體。這樣的發展與分化，榮格將之視為本能且必需。榮格以實證的方式支持了他的論點，其立場也使他在此事上採用了**目的論的觀點**。

　　當集體被視為心靈可能性的水庫時，便是能夠助長誇大妄想與群體精神病的強大力量。榮格認為，個體性的對立面是對集體理想的認同，這會導致膨脹且最終使人成為自大狂。他相信個體才是帶來改變的真正載體，因為群體作為一個整體是不可能擁有意識的。

集體潛意識／集體無意識
collective unconscious

參見 archetype **原型**；collective **集體**；unconscious **潛意識**。

補償
compensation

　　榮格宣稱，他找到了具有實證依據且運作於心理過程中的補償功能。這相當於在生理學領域可觀察到的有機體自我調節（恆定）功能。補償意味著平衡、調適、補充。他視**潛意識**的補償活動為對**意識**過於片面之傾向的平衡。

　　被個人的意識所壓抑、排除與禁止的內容會陷入潛意識中，並在該處形成意識的對反極。這個對反位置會隨著意識態度的擴增而加強，直到它干擾意識活動本身。最後，受壓抑的潛意識內容會聚集成一股充足的能量荷（energy charge）衝破束縛，並以**夢、自發性意象**或症狀的形式出現。補償過程的目標似乎是為了作為一座橋梁來連結這兩個心理世界。這座橋梁就是**象徵**；但若是要有效果，象徵就得被意識心智承認和理解，亦即同化與整合（參見 ego **自我**；transcendent function **超越功能**）。

　　在通常的情況下，補償是意識活動的潛意識調節者，但若受到神經症的困擾，對比於此意識狀態的潛意識內容就會變得原始、突出、極端與不修飾，從而使補償過程本身遭到中斷（參見 neurosis **神經症**）。如果心靈中有某個不成熟的部分被嚴重壓抑，潛意識內容就會反撲並淹沒意識的目標，摧毀它的意圖。「因此，分析治療的目標就是實現潛意識內容，這是為了使補償能被重新建立起來。」（CW6, para. 693ff）參見 analysis **分析**。

　　潛意識的立足點就是補償，它總會意外地出現，並呈現出與意識不同的觀點。如同榮格寫的那樣：「任何越界太遠的過程都會立即且無可避免地召喚出補償。」（CW16, para. 330）（參見 enantiodromia **物極必反**）。因此，我們可以從嬰兒發怒這樣明顯的抗議中發現補償的證據，也可以在**分析師與病人**的關係這類相對複雜的表現裡看到。關於此點，榮格觀察到：「對分析師強化過的關係紐帶是病人對現實態度之錯誤的補償。這條紐帶就是我們所說的移情。」（CW16, para. 282）

榮格發現若將此原則加以延伸並運用於集體時，在**煉金術**中也存在對中世紀基督教觀點的補償。煉金術可被看成為了填補（也就是補償）傳統宗教遺留下的鴻溝所做的努力。由於此因，分析師需要謹慎小心，以免自己無差別地應用煉金術的象徵，或認定每件事都無例外地與之相關，特別是在**集體**意識的改變已有顯著進步的情況下更是如此。至於**個體化**，一個人必須去區分補償的內容究竟是和他自己的性格有關，或僅是為了平衡**兩極**光譜的另一端。

榮格在蘇黎世榮格學會成立當時的演講中，鼓勵未來的分析師去挑戰並進行***精神病人***和***罪犯的補償過程***之研究，也包含研究***補償的目標***及其***方向的本質***（CW18, para. 1138）。但此挑戰的邀請並未被廣泛接受（可同時參見 Perry, 1974; Kraemer, 1976; Guggenbühl-Craig, 1980）。

情結
complex

情結的概念墊基於對「人格」整體理念的反駁。我們可能有許多的**自我**，正如我們從經驗中知道的那樣（參見 Self **自性**）。雖然這離將情結視為在心靈中擁有自主性的整體還有一段距離，但榮格卻宣稱「情結就如獨立的存在物那樣行動。」（CW8, para. 253）他也認為「人格的碎片與情結之間沒有差別，情結就是心靈的碎片。」（CW8, para. 202）

情結是意象與念頭的集結，它們叢聚在一個或多個原型的核心周遭，其特徵為有一致的情緒調性。當它們開始發揮作用時（也就是集聚在一起時），情結就會影響行為，出現情感的痕跡，不論一個人是否有意識到。情結在分析神經症的症狀時特別有用。

此概念對榮格來說相當重要，因此他曾經想將他的想法命名為「情結心理學」（參見 analytical psychology **分析心理學**）。榮格將情結稱為「通往潛意識的皇家大道」，也是「夢境的建築師」。這點暗示著**夢**與其他象徵的表現與情結有緊密關連。

此概念讓榮格能聯繫在個體不同經驗中的個人要素和原型要素。此外，要是沒有這個概念，就很難描述潛意識是如何建立起來的；心理生活也只會是一連串沒有關連的事件。其次，根據榮格的觀點，情結也影響了記憶。「父親情結」不僅保留了父親的原型意象，也保留著與父親在不同時光中的所有互動（參見 imago **意像**）。因此父親情結會影響對真實父親早期經驗的回憶。

因為有原型的因素，**自我**位居於自我情結，以及個體的意識與自我覺察的個人發展史中心。自我情結與其他情結的關係常常將它捲入衝突中。此時就會有自我情結或其他情結分裂，從而使人格被其所主導的情況發生。情結可能會淹沒自我（如同**精神病**發作的情況那樣），自我也可能去認同情結（參見 inflation **膨脹**；possession **佔據**）。

這點也很重要，亦即情結是很自然的現象，它可以沿著積極或消極的方向去發展。它們是心理生活的必要成分。自我若能與情結

建立可行的關係，就能使更豐富與多樣的人格浮現。舉例來說，當對他人的知覺經歷轉變時，個人關係的模式也會改變。

榮格藉由 1904 年至 1911 年間對**字詞聯想測驗**的使用發展了他的想法（參見 association **聯想**）。心理電流計在該測驗中的使用暗示著情結根植於身體之中，且會在身體上表達它們自己（參見 body **身體**；psyche **心靈**）

雖然情結的發現對當時的佛洛伊德來說有著可觀的價值，因為這對他的**潛意識**概念提供了可實證的證據，但現在的精神分析師已經很少使用這個術語。不過，許多精神分析理論依舊使用情結的概念，特別是在人格結構的理論中：自我、超我與本我就是情結的幾個例子。其他的治療體系，諸如溝通分析與完形治療也細分了病人的心理，以及／或者鼓勵他去和自己相對自主的部分產生對話。

有些精神分析的評論者暗示，榮格對情結自主性的強調提供了他自身罹患嚴重精神疾患的證據（Atwood and Stolorow, 1979）。其他人則肯定了榮格的觀點，認為「個人其實是一個集體的名詞（Goldberd, 1980）。

在分析中，也可以利用情結引起的**擬人化**來工作；病人可對他內在的不同部分來命名。近來對情結理論的興趣源於它可用以描述成人類心靈早期生命的情緒事件要如何修正與運作，這一點極為有效。最後，心靈碎片的概念與當前對**自性**概念的重新修正有關。

合化／合體
coniunctio

　　用以表示不同物質之聯合的煉金術象徵；即**兩極**交媾的婚姻形式，其結果是帶來新元素的誕生。這是以孩童為象徵，藉此顯現出重組不同對立本質可帶來更偉大的**完整性**之潛力（參見 alchemy **煉金術**）。

　　從榮格的觀點來看，合化可被視為煉金術過程的核心概念。他本人視此為心靈運作的**原型**，象徵著兩個或更多**潛意識**元素之間的關係模式。合化能夠產生數不清的象徵**投射**（亦即男人與女人、國王與王后、公狗與母狗、公雞與母雞、太陽與月亮等等），而這些關係對感知性的心智來說，在一開始時是無法理解的。

　　因為合化象徵著各種心靈的過程，繼之其後的**重生**與**轉化**也會在心靈中發生。就如所有的原型一樣，合化代表兩極的可能性；一正一負。因此，當它發生時，死亡與失落連同重生，都是此經驗所固有的。將其帶入意識中，即意味著對先前人格中潛意識部分的救贖。但是，榮格提醒道，「它的效果很大程度上得取決於意識心智的態度」。藉由態度一詞的使用，他暗示著，真正需要的乃是自我位置的更新，而不是採取與所發生的象徵死板對應的外在行動。

　　根據榮格的說法，煉金術士的終極追求是「形式與物質的聯合」。每一次潛在的合化都結合了這些元素。煉金術士對區分身體與靈魂的失敗則產生了與身體合化的意象，或者使身體能以靈魂的形

式呈現，又或者將**精神**牽引進入身體中。在**分析**的情境裡，前者會導致膨脹，使關係成為聖婚或者神的婚姻；而後者會造成性慾的**行動化**（參見 incest **亂倫**）。

合化這樣的象徵指涉著神祕的內在心靈過程，因而擁有獨特的魅力。它會對合理的說明與闡釋造成迷惑，並誘惑治療師與病人採取字面上的觀點。然而，合化雖會以一個目標的象徵出現，卻不是可以達到的目標。合化的意象對**分析師與病人**的關係來說是有用的指引，但不能把它視為內在旅程的目的地。

意識
consciousness

這是瞭解榮格心理學最重要的概念之一。在精神分析的早期探究中，對意識與**潛意識**的區分就已經是關注的焦點，但榮格藉由以下數點進一步推展和完善了這個理論：（1）假定集體潛意識和個人潛意識一樣存在；（2）替潛意識分配了補償功能來與意識產生聯繫（參見 compensation **補償**）；（3）認識到意識是獲取人性以及成為個體的先決條件。意識與潛意識被視為心理生活的主要**兩極**。

榮格對意識的定義聚焦在意識與潛意識的二分，同時強調**自我**在意識感知中的角色。

藉由意識，我在自我可感知的程度內瞭解了心靈內容與自我的關係。而與自我的關係中未被感知到的那一部分則屬於潛意識。意識是一種活動的功能，而此功能用以維持心靈內容與自我的關係。（CW6, para. 700）

作為一個可行的概念，意識被廣泛地應用，然而也引發了後續的誤解。在此意義中的感知並不是理智化的結果，也不能藉由心智單獨達到。它是心靈過程的結果，而非思維歷程的結果。榮格在不同時期中都將意識與覺察、直覺及**統覺**劃上等號，並強調其中的**反思**功能。意識的成就會顯現在認知的結果、反思及心靈體驗的保留上，使個體能將之結合自身所學、在情緒上感受它的關連，並覺知生活的意義。相反地，潛意識內容並未分化，當中的什麼項目屬於或不屬於一個人，並沒有明確地予以釐清。「**分化**才是其本質，是意識的必要條件」（CW7, para. 339）；**象徵**被看成是潛意識的產品，用以指涉那些能夠進入意識的內容。

榮格認為自然的心靈是未分化的。意識的心智則有區辨的能力。因此，意識始於對本能的控制，使人類能以有條理的方式來進行調適。然而，**調適**及對自然與本能的控制可能會有危險，它會導致與更黑暗及更不理性的元素失去接觸的偏狹意識（參見shadow **陰影**）。

由於從意識分裂出去的任何部分都會變得自主與失控，並從**陰影**的藏匿處以有害的方式培植自身，榮格因此感覺到了當代西方人意

識層面的片面與偏狹。而這可從他病人身上的神經症辨認出來，也可從心靈的**集體**病症例如戰爭、迫害與其他群眾壓迫的形式中發現（參見 neurosis **神經症**）。在所謂的啟蒙時代，人們強調意識心智的理性態度，並認定智性的啟蒙是最高形式的洞察以及最偉大的價值，此點嚴重危及了人類存在的整體性（totality）。「膨脹的意識總是自我中心的，並且除了自身存在以外意識不到任何事。」（CW12, para. 563）弔詭的是，此點導致了意識往潛意識的**退行**。只有在意識重新顧及潛意識的重要性之後，平衡才可能再度恢復（參見 compensation **補償**）。

然而儘管有風險，意識一定不能被摒除在外，這會導致潛意識力量的氾濫，從而削弱或抹殺了文明的自我（參見 enantiodromia **物極必反**）。意識心智的標誌乃是對事物的區分能力；如果要覺察某件事物，就得將**兩極**分開，因為在自然中，兩極總是彼此融合的。然而一旦被分開之後，兩者必定會有意識地與對方產生聯繫。

人最獨特的事物就是他的意識，加上墊基於**個體化**又是心靈之所必須的這一項假設，上述結論使榮格心理學與逐漸擴增的意識劃上等號。在**分析**中，其假設是意識會從自我中心轉變，並朝向與人格整體性更為一致的觀點（參見 Self **自性**）。因此，榮格心理學中的「意識」在認同了對意識自身的追求時，會違犯以下各種錯誤與危險：片面性、氾濫、解體、**膨脹**、退行、**疏離**、**解離**、分裂（參見 paranoid-schizoid position **妄想－分裂心理位置**）、自我中心主義、**自戀**，以及理智化。在這樣的背景裡，我們見到了分析心理學的擴展與分裂（Samuels, 1985a）。

為了展現個體與集體之意識復甦過程的相似之處，諾伊曼（Neumann, 1954）寫了《意識的起源與歷史》（*The Origins and History of Consciousness*）。辛格（Singer, 1972）也給出了經典的解釋。希爾曼（Hillman, 1975）將意識界定為「我們對心靈世界的心靈反射以及對現實的部分調適」。他批評分析心理學對意識的狹隘觀點太過自我設限。

反移情
countertransference

參見 analyst and patient **分析師與病人**。

文化
culture

一般來說，榮格在使用這個詞語時，它的意思與**社會**是相同的，亦即屬於**集體**但多少有些區別、更為自覺的某部分或者團體。大體而言，他用這個詞來指涉過程；亦即類似這樣的語句，「更有文化的」或「完全地原始且不帶一絲文化」。從心理學的觀點看，他暗示文化攜帶著某個團體的意義，並已發展出自身的**同一性**與**意識**，同時伴隨連續性的感受與**意義**或目的。

治癒
cure

　　一般來說，它指的是從生病往健康狀態的**轉變**。榮格用它來指稱對分析的廣泛偏見，諸如分析會帶來治癒，或當分析完成後，一個人就可以客觀地「被治療好」。但是，他接著說，事情並非如此；因為不可能有哪一種形式的**心理治療**能夠真的帶來「治癒」效果。

　　榮格說，生命的本質是使人類遇到阻礙，有時它會採用生病的形式出現，而這些阻礙如果不至於太過分，將能提供一個我們對**自我**調適的不恰當形式進行**反思**的契機，我們因此能有機會去探索更適宜的態度，同時做出相對應的調整。然而，他也清楚這些改變只會在一段時間內有效，此後問題可能再次出現。隨著時間推移，我們將看到問題經驗的整合其實源於**自性**的推動，並最終導致**個體化**的出現（參見 wholeness **完整性**）。因此，分析師對治癒的態度可以幫助病人去接納神經症的症狀，這可能是他生命中潛在的正向因素（參見 analyst and patient **分析師與病人**；neurosis **神經症**）。

　　因其辯證性的本質，分析有時指涉著「談話治癒」（talking cure），同時由於榮格的**心靈**與**意義**有概念間的聯繫，它也可被用來指稱「靈魂治癒」（cure of souls）。然而榮格並不贊同，因為他嚴格區分了分析工作與神職人員對靈魂所提供的教牧治癒（pastoral cure）。他認為分析類似於醫療介入，目的是暴露**潛意識**的內容，並使之能整合進**意識**之中。他在此處認同的是佛洛伊德與精神分析的傳統。

　　然而，同時因為他認為神經症的痛苦具有潛在意義，並接納了**目的論的觀點**，因此他意識到分析師的工作必須處理那些被醫師以及神職人員所遺留下、未觸及的心理需求，他們不願接受人的心靈中有自主運作的宗教功能。因此他認為自己必須告知那些來找他的病人，一勞永逸的治癒是不可能的，同時也要準備去承認他們的苦難中可能有潛意識的象徵意義（參見 healing **療癒**）。

死亡本能
death instinct

　　在《超越享樂原則》（*Beyond the Pleasure Principle*）中，佛洛伊德（1920）提出本能可被分為兩大類：生命本能與死亡本能（參見 life distinct **生命本能**）。前者包含了自我保護本能（飢餓與攻擊性）和性本能。然而，在佛洛伊德的早期構想中，這兩類本能是相對立的。死亡本能示現了一般本能的保守與退行特徵，亦即本能尋求釋放與降低緊張至歸零的傾向。這採取了退化的形式，直至更為簡單與原始的水準，最終導致無機狀態；至此，交由死亡本能所接管。克萊恩（Klein）根據佛洛伊德的假設往前推，認為攻擊性是死亡本能對外的轉向。但精神分析整體而言並未強調佛洛伊德的這些想法。

　　榮格也對此想法表示懷疑，他不但評論此觀點的可疑性，還斷言佛洛伊德的理論架構必定反映了對力比多理論（譯者註：libido 是佛洛伊德用以指稱性本能的術語，指性本能向對象的投注，此過程會

使對象產生變形，國內有時則譯為原欲或欲力，本書採用學者宋文里博士的觀點，統一音譯為力比多。後世學者在使用此術語時多將之擴大解釋為心理能量。）過於片面性的不滿（參見 energy **能量**）。然而，榮格著作中的幾處地方在被放在一起看時，也出現了類似死亡本能的概念，而它在**分析心理學**中也佔有一席之地。

心理能量的中性本質意味著它可被用在任何地方，而這也不能排除此悖論：亦即能量被用以尋求降低能量的緊張。此論點可在人類心靈中進化與退行傾向的分別得到最清楚的論證。榮格視**退行**為藉由與父母**意像**及**上帝意象**的相遇與融合，以此補充能量或再生人格的企圖，這因而能與**自性**用一種同盟關係來工作（參見 incest **亂倫**）。這無可避免地導致**自我**舊形式的消解（或死亡），隨之而來的，是此前生活方式的緊張和刺激感的降低。這可隱喻性地被認為是一種死亡，但自我潛能其實正以更適當、更具意識的形式重新聚集。然而即使是暫時失去自我控制也會帶來危險，只有在人格呈現出豐沛的樣態之後，才可以將死亡視為**轉化**的前奏（參見 enantiodromia **物極必反**；initiation **啟蒙**、rebirth **重生**、wholeness **完整性**）。

這樣的論點有概念上的缺陷，亦即死亡本能在此僅被視為是替生命本能服務。然而不論是何種本能，確實都是為人類工作的；它們偶然帶來的不悅也不該隱瞞這個事實。死亡本能提供了一個人的生命架構；死亡意象則為生命的開展構成了一個目標，而死亡和創造力之間也有密切的連結（Gordon, 1978）。死亡是將進一步成長的推動力整併入心靈的方式（參見 meaning **意義**）。

　　這些關於死亡本能的說法是以將人格視為整體的方式來表達的。但也沒有理由說上述觀點為何不能適用於人格的次要組成上。換句話說，個人的**情結**也可經歷死亡－重生的過程。死亡本能會透過意象與情緒狀態而主觀地體驗到，例如：合一感、漂浮的與沉浸於海洋般的感受、夢幻感、創造性的遐想或懷舊之情等。此篇關於死亡本能的文章，當中最重要的概念就是**退行**，無論是良性的或惡性的皆是如此，它們都與成長和進步一樣，是生命的一部分。因此死亡作為一個心靈的事實，它佔據了個體的每一天，而不只是使之朝向生命的盡頭而已。對死亡本能的壓抑會在每個層面中發生（參見 stages of life **生命階段**）。

自性防衛
defences of the Self

　　參見 Self **自性**。

碎解與重整
deintegration and reintegration

　　參見 Self **自性**。

妄想
delusion

榮格是以自身經驗來對妄想下定義的。病人感覺自己基於某些近似於理性、情感的東西，或源於實際的感知而下判斷。但事實上那是基於他內在的潛意識因素。然而，如果這樣的經驗最終能被理解的話，就不全然是負面的。在某種意義上，妄想和**夢**或其他心理現象一樣「自然」。它們展現了內在世界蓬勃有力的多樣性，然而妄想也因此淹沒了一個人的意識標準與態度，為他指出了**心靈現實**（參見 psychosis **精神病**）。

妄想可被解讀的想法應歸因於榮格（參見 interpretation **闡釋**）。理解妄想可以從個人的或集體的層次出發（參見 archetype **原型**；collective unconscious **集體潛意識**），也可藉由兩者觀點的綜合來達到。榮格要求我們注意某些「被過分高估的念頭」，它們是偏執妄想的前驅，而他也將之類比於自主的情結（參見 complex **情結**）。在這樣的時刻裡，榮格認為心理治療的目標是讓這些念頭與其他情結產生關連。妄想可被標誌為念頭在一個受限且僵化的參考架構中所進行的**聯想**。

至於集體層面的解讀，榮格的重點放在超個人的層面——妄想中的元素在人類的心理文化發展中有其歷史與地位。因此他發現**神話**與**童話**很有幫助，兩者都擴大了臨床的材料，並能協助組織和描繪基本的心理模式（參見 culture **文化**；amplification **擴大法**）。

榮格列舉了幾種集體妄想（用以和個人妄想的集體解讀做區分）。其中一種就是：我們是完全理性的生物。

早發性失智症
dementia praecox

參見 schizophrenia **思覺失調症**；word association test **字詞聯想測驗**。

憂鬱
depression

榮格對憂鬱的觀點聚焦在心理**能量**的問題，而非**客體關係**、客體的失去或分離。在這個領域中，分析心理學家傾向隨意地從**精神分析**中借用理論。榮格將憂鬱概念化為能量的蓄積，當其被釋放時，會走向更積極的方向。能量由於神經症或精神病的問題而被阻陷，如果釋放出來，實際上會有助於克服這個問題。根據榮格的說法，人應該盡可能地全面進入憂鬱的狀態，這樣牽涉其中的情緒才能被好好釐清。這樣的釐清代表原先模糊的感受轉換成憂鬱者能夠敘說得更加精確的**念頭**或**意象**。

憂鬱與**退行**的再生蓄能（regenerative）及豐富強化等層面有關。特別是它可能採取「創造性工作發生前的空虛靜止狀態（the empty stillness）」（CW165, para. 373）這樣的形式。在此情況下，由於即將而來的新發展從**意識**那裡抽取了能量，這才導致了憂鬱的發生。

榮格警告，憂鬱會出現在**精神病**之中，反之亦然（參見 pathology **病理學**）。

憂鬱心理位置
depressive position

由克萊恩（Klein）所引介的術語，指稱在**客體關係**發展過程中的某個時間點，在該階段中，嬰兒會認識到一直以來與其產生聯繫的好母親與壞母親**意象**所指涉的都是同一個人（據稱位於一歲的後半段）。作為一個完整的人，他在母親面前無法再用以前的態度繼續下去（參見 Great Mother **大母神**）。早先的心理運作會將負面情感指向並分派給負面母親，藉此保護正面母親免受傷害（參見 paranoid-schizoid position **妄想－分裂心理位置**）。如今他必須面對這樣的事實：亦即他的敵意與攻擊性，連同他的愛意都朝向迄今為止是完全正面的母親而發（也就是說，他有矛盾的感受）。這反過來使他面臨因個人破壞性而造成的失去母親的恐懼、因損害她而有的內疚感，以及最重要地，這整件事會伴隨日漸增長的，對母親幸福的關切而發生（參見 infancy and childhood **嬰兒期與童年**）。從後者來說，憂鬱心理位置是一般所稱的良心的前驅，特別是對他人的關切。因此，溫尼考特（Winnicott）把憂鬱心理位置命名為「關切階

段」（參見 ambivalence **自相矛盾性**）。

　　在分裂的客體合併在一起的同時，人格先前被經驗為好或壞的部分也同時走向了整合。舉例來說，人格中好的部分可能分裂出來，保護他們不受壞的部分影響或遭環境迫害。

　　憂鬱心理位置之所以如此命名，係因為這是首度必須從個人的層面面對失去母親的幻想，這是類似於哀悼的過程，因此包含了憂鬱的可能性。在處於憂鬱心理位置時，焦慮的性質從原先對外界攻擊的恐懼，轉變為對失去舒適生活及保障生存的任何事物之恐懼。在那之前，失去的恐懼可藉由全能妄想的幻想來處理。從此角度看，後來在成人期出現的憂鬱可被視為源於嬰兒期的憂鬱性焦慮處理失敗所造成。憂鬱心理位置是需要被克服的發展障礙，對它的克服是發展過程的一個里程碑。

　　當憂鬱心理位置與**妄想－分裂心理位置**（指的是人格與客體兩者之間的分裂）相互比較時，當中也有某些程度的雙向運動。在成年生活中，通常會發現兩種心理位置存在的證據。

　　分析心理學（特別是發展學派，參見 Samuels, 1985a）為憂鬱心理位置下了進一步的註解，生命歷程第一年的結束可被視為**兩極**初次合化的達成（參見 coniunctio **合化**）。此種觀點的優勢在於將發展的視角與**自性**的現象學做了聯繫。由於許多心理功能的本質具有目的性（參見 teleological point of view **目的論的觀點**；consciousness **潛意識**），因此嬰兒的攻擊性也可被視為是為了服務**個體化**而有的運作。在接納無可避免的攻擊性情感是憂鬱心理位置的一個重要部分時，對**陰**

影的整合也在發生。此外，口腔攻擊性中的齧咬可被視為區別兩極
（嬰兒與母親、母親與父親）的早期嘗試，這樣的**分化**被榮格認為是
日後兩極能走向合化的前提。

深度心理學
depth psychology

1896 年發生在心理學理論與實務方向的偏離標誌著今日被稱為
深度心理學的誕生。該年的重大事件是佛洛伊德對神經症的分類，
以及被題為〈歇斯底里的病因學〉（*On the Aetiology of Hysteria*）之論文
發表（Ellenberger, 1970）。後者如其所證明的，不論成功或失敗，結
果是使佛洛伊德再次瞭解到，我們很難在**潛意識**中把記憶與幻想區
分開來。從那時起，他與他的親密助手群（其中一位是榮格，他們
的合作期間是 1907 年到 1913 年）就不再關注揭露受壓抑的記憶，**轉**
而注重對潛意識材料的探索了。

佛洛伊德的創新為後繼者奠定了基礎，榮格也很清楚這件事
實（尤其在《榮格全集》第十五卷的〈在其歷史背景下的西格蒙德·
佛洛伊德〉〔*Sigmund Freud in his Historical Setting*〕，以及〈紀念佛洛伊
德〉〔*In Merory of Sigmund Freud*〕）在這些創新視角以及對治療病人的
新技術中，最為重要的就是將對夢的**闡釋**作為一種工具介紹到**心理
治療**之中。它結合了佛洛伊德對**夢**有潛在內容及外顯內容的主張，
及夢的外顯內容係潛在內容受到潛意識審查而導致的扭曲；而他對

自由**聯想**的應用是分析夢的一種方法。佛洛伊德對夢的理論以及他對倒錯的覺察導致了《日常生活的精神病理學》（*The Psychopathology of Everyday Life*）一書的出版，這些皆源於他此前對歇斯底里的研究工作所建立的理論架構。1897年，他開始了《笑話及其與潛意識的關係》（*Jokes and their Relation to the Unconscious*, 1905）一書的寫作，他在此書中首次探究了遊戲的心理功能。藉由探索潛意識來完成更新意識心智的目標都在這些改變中提供了線索，而這些工作在他和榮格相遇之前都已完成了。

榮格在1948年撰寫，並於1951年出版的一條關於深度心理學的百科全書條目是這樣開始的：「『深度心理學』是源於醫學心理學的術語，由尤金・布魯勒（Eugen Bleuler）所創造，用以表示心理科學中關切潛意識現象的一個分支。」（Cw18, para. 1142）

在這篇文章中，榮格竭心盡力地追尋主要觀點的源頭，但仍稱呼佛洛伊德是「被稱為『**精神分析**』的深度心理學的真正建立者」。他指出阿爾弗雷德・阿德勒（Alfred Adler）的個體心理學是由他的老師佛洛伊德所開啟之研究的部分延續。面對實證性的材料，榮格總結說，阿德勒採用了與佛洛伊德不同的觀點，他認為心理病因學的主要前提是權力驅力而非性慾。

就他個人而言，榮格承認他自己也受益於佛洛伊德，他強調自己早期的**字詞聯想測驗**證實了佛洛伊德遭遇到的壓抑及其特有的後果是存在的，他發現所謂的正常人跟神經症患者一樣，他們的反應都會受到「分裂出去的」（亦即受壓抑的）情緒的情結（參見 complex

情結）所困擾。他指出自己與佛洛伊德之間的差異在於他認為神經症的性理論觀點有所限制，以及對潛意識的概念必須擴大，因為榮格視潛意識為「**意識**的創造性母體」，當中不僅包含了受壓抑的個人內容，也包含**集體**的母題（motifs）。他反對夢的願望滿足理論，轉而強調潛意識歷程的**補償**功能及其目的論的特色（參見 teleological point of view **目的論的觀點**）。他同時也將自己與佛洛伊德的決裂歸因於對集體潛意識的角色，及其在**思覺失調症**案例上會如何顯現（亦即他**原型理論**的架構）而產生的觀點差異。

在同一篇文章裡，榮格繼續勾勒出他進一步的獨立觀察與發現，如今這些都包含在**分析心理學**的相關著作裡。隨著人格與人格行為運作理論的進一步延伸與擴散，除了它的原始意義外，深度心理學這一術語今天已經很少使用了，換句話說，它主要被用來指認和描述那些對探索潛意識現象特別感興趣的人。

發展
development

榮格對人格發展的觀點通常包含了先天的結構因素（參見 archetype **原型**）以及可供個體探索自身的環境（參見 complex **情結**；infancy and childhood **嬰兒期與童年**）。發展也可以從與自己的關係（參見 individuation **個體化**；narcissism **自戀**；Self **自性**）、與客體的關係（參見 ego **自我**；object relations **客體關係**），或從本能衝動的角度

來看（參見 energy **能量**）。

退行與進化的傾向共同存在於發展中（參見 death instinct **死亡本能**；incest **亂倫**；integration **整合**；regression **退行**），而它不會是無意義的行動（參見 meaning **意義**；self-regulatory function of the psyche **心靈的自我調節功能**；stages of life **生命階段**）。

辯證過程
dialectical process

參見 analysis **分析**；analyst and patient **分析師與病人**。

分化
differentiation

這個字經常被榮格用來表達這樣的意義：自整體中分開某些部分；解開或區分出先前被無意識攪和在一起的東西；以及加以解析。因此就能說人格的某些部分比其他部分更為分化，意義也能被堅定地區分並嵌入**意識**之中（參見 typology **類型學**）。

分化是成長的自然過程，同時也是意識的心理承諾。舉例來說，它涉及了對雙親形象與婚姻伴侶的過度及相互依賴的神經症狀態；以及一個或多個心理功能受其他功能所汙染；或當自我與陰影尚處於未分化狀態時。在上述的原始階段中，**兩極**會以融合或合併的狀態存在。它們的分化要先成功，意識的合成才能成功。

　　個體化是一個需要分化的過程；一個仰賴投射的人，他對自己是什麼以及自己是誰，幾乎毫無認識。然而，因為比起**完整性**，區別與分化對理性智力來說更為重要，因此榮格斷定，對現代人來說，一個補償性的象徵是必要的，這會強化其整體性（totality）的重要（參見 Self **自性**）。假定那些「早年的」東西，其分化程度一定較低是錯誤的。舉例來說，榮格就竭力指出那些生活在部落中，尚未適應工業化社會的人仍保有高度分化的感官功能，而這些在西方人身上都已經見不到了（參見 primitives **原始人**）。

定向與幻想思維
directed and fantasy thinking

　　榮格引介的術語，用來描繪心智活動的不同形式以及**心靈**表達自身的多元方式（CW5, paras4-46）。**定向思維**包含對語言與概念的有意識使用。它墊基或構築在對現實的參照上。從本質來說，定向思維是有溝通性質、向外思考、朝向他人，及為人著想的。它是智性、科學解釋的（縱然不見得是科學的發現）、常識的語言。另一方面，**幻想思維**採用了意象（無論是單獨的或主題的形式）、情緒和直覺（參見 image **意象**）。邏輯與物理的規則並不適用，道德的概念也同樣如此（參見 morality **道德**；psychic reality **心靈現實**；super-ego **超我**；synchronicity **共時性**）。這樣的思維可被稱為是隱喻的、象徵的、想像的（參見 metaphor **隱喻**；symbol **象徵**）。榮格指出，幻想

思維可以是有意識的，但它的運作通常是前意識或潛意識的（參見 unconscious **潛意識**）。

幻想與定向思維可以和佛洛伊德的初級與次級歷程分別比較。初級歷程活動是潛意識的；單一的意象可以概括廣大的衝突領域或指涉其他元素；時間－空間的類別在此處可被忽略。更重要的是，初級歷程是本能活動的表達（因而是非關道德的，或反道德的）；它的特徵是願望，且受享樂原則所支配。次級歷程則被現實原則所支配，它是邏輯及語言的；它形成了思想的基礎，也是**自我**的表達。如果沒有壓抑原始歷程活動，自我本身確實無法運作；因此原始與次級歷程是彼此扞格的。儘管某些創造性活動可能包含了兩者的混合，但其基本上是對立的。

然而對榮格來說，幻想思維沒有非得威脅自我不可的理由；他的論點是自我會受益於這樣的接觸。然而，失控的幻想是**膨脹**或**佔據**狀態的一部分。定向與幻想思維被認為是兩個分離且平等之視角的共存，儘管後者更接近心靈的原型層（參見 archetype **原型**）。

榮格對兩種思維平等以待的態度使他的想法與我們今日對大腦兩個半球運作的認識相當類似，它們之間的交互作用是人類心智運作的核心。左腦半球是連接語言能力、邏輯、目標導向行動，以及遵從時空法則等大腦活動的所在之處；它的運作特性是分析、理智與詳盡。右腦半球是情緒、感受、幻想、人對自己在和每項事物的關係中處於何地的總體感受，以及掌握複雜情況的整體能力（相較於左腦半球的鬆散角度）等功能的所在之處。**超越功能**被形容為

兩個腦半球的交互溝通，以生理學的角度來說，指的就是胼胝體（Rossi, 1977）。參見 body **身體**。

夢可被視為幻想思維或右腦半球功能的傳統表達方式，雖然夢也會不時出現有邏輯外觀的元素。夢的**闡釋**有時可說是帶入了定向思維，但更精確的總結應該是：因為想像力的參與，夢的闡釋其實是定向與幻想思維的結合（參見 reductive and synthetic methods **還原與合成法**）。

榮格將神話視為幻想思維的表達，他評論道，我們今日對科學與技術的努力和關注，正如希臘人在發展其神話時所做的一樣。**神話**是一種對個人與物理世界的隱喻式表達方法，因此它不應被定向思維的方法所評價。關於榮格對**原始人**的主要思維模式是幻想思維模式的過時評價，現在已經不太有分析心理學家同意了。然而，他觀察到孩童的活動中具有幻想思維運作的這件事，依舊是有效的（雖然在這些活動中，邏輯運作也是其組成之一）。

榮格在此處使用「思維」這個字，確實存在某些問題。例如，他在自己的**類型學**中使用這個字時就有不同的方式。在他寫到定向與幻想思維時，是否除了用以列舉意識與潛意識之間的差異之外，還做了其他的解釋呢？另外一個觀點則是，幻想思維的這個想法確實點出了這項事實：亦即**潛意識**有它自己的結構、語言與邏輯（心靈邏輯）；任何想將理智過度抬升其位階的企圖都會受到它的調節（參見 psyche **心靈**；psychic reality **心靈現實**）。同樣地，榮格將定向與幻想思維並列的結果也是對那些想要擺脫理智思考，控訴嘲弄「知

識份子」是身心分裂或「不接地氣」者所提出的警告。

　　墊基在心理類型的個人偏好，無疑決定了哪種思維模式對個體來說更為自然（參見 typology **類型學**）。在嬰兒與兒童期時，家庭與社會的要求可能會導致扭曲產生。這在臨床上通常表現為幻想思維被禁止在家出現，文化因素也可能在其中運作。比起幻想思維，西方社會確實傾向使用和給予定向思維較高的評價。

解離
dissociation

　　係指某些應該與人格的連結**潛意識**地解體了，一種「與自身的不統一」（CW8, para. 62）。這點指出了一個人體現其**完整性**的潛能出現了瓦解。此外，解離可被用以描述一種或多或少帶著意識的作法，當整體、包含一切的態度更加具有生產力時，人卻為了「分析」而使自己解體。西方社會對科學與技術，及對特定的理性思考模式之依賴，正說明了這個觀點。精神病學就是一個與此特別有關的例子，尤其是在醫病關係間的動力沒有被適當考慮的情況下。

　　解離是**神經症**的一個重要面向。此處它可被視為「意識態度與潛意識趨勢兩者之間的差異」（Cw16, para. 26）。壓抑是此情況的一個特別例子；舉例來說，無法面對身體衝動或**陰影**，這些情況就可被視為解離（參見 body **身體**）。認識心靈具有各種部件及子系統（sub-systems）的能力，或發展出與內在意象對話的能力，這與從**自我**中解

離是不同的（參見 active imagination **積極想像**）；事實上，這類活動需要保持在強壯且有意識的自我位置。

　　榮格經常將**分析**形容為對解離所做的療癒。他在此處強調，對療效具有決定性的不是技術性的知識或**情緒抒洩**。事實上，**分析師與病人**關係裡的移情－反移情比起前者更為根本。分析的目的是促進意識對潛意識內容的同化，從而克服解離。然而，榮格也認為必須承認在某些精神病的狀況中，解離的程度太大以致於無法達成此目的（參見 pathology **病理學**；psychosis **精神病**）。

主導因素
dominant

　　參見 archetype **原型**。

夢
dreams

　　榮格將夢廣泛定義為「以象徵的形式，自發性地對**潛意識**實際情況所做的自畫像」（CW8, para. 505）。基本上，他將夢與**意識**的關係視為一種補償關係（參見 compensation **補償**）。

　　與佛洛伊德以因果論來看待夢的立場相比，榮格談到夢時把它們當成心靈的產物，同時採取了因果論以及目的論的觀點（參見 reductive and synthetic methods **還原與合成法**；teleological point of view **目**

的論的觀點）。他寫道，因果論的觀點傾向於整齊的意義、**闡釋**的一致，並誘使人們對**象徵**給出固定的意涵。然而目的性的觀點卻能「對夢中的**意象**感知到不同心理狀況的表達。它認為象徵並沒有固定的意義」（Cw8, para. 471）。

聯想的歷程都被他們兩人用來解夢，但榮格在不久後改變了作法，從而和他對**情結**的觀點保持一致，因為他將夢視為對個人情結的註解。他在聯想的技術上增加了從**神話**、歷史，與其他文化材料而來的**擴大法**，以便盡可能地提供闡釋夢意象的寬廣脈絡，允許夢的外顯及潛在內容都能得到探索。他區別了兩種闡釋夢境的模式，其一是所謂的主觀層次，在此層次中，夢的形象被視為作夢者自身心靈形象的**擬人化**；其二是所謂的客觀層次，研究的是夢意象自身（例如人物形象可能是作夢者認識的）。

儘管補償被認為是一條基本原則，但榮格強調，被補償的部分不總是立即且明顯的，耐心與誠實對想解鎖夢境內容之謎來說非常重要。他相信夢具有指向未來的面向，是「對未來意識之成就的潛意識預期」。然而，他建議我們把夢當成一張初步的速寫地圖或粗略的未來計畫，而不是將之視為一則預言或固定的方向。

他強調有某些夢的目的顯然是不完整、具破壞性且殘破的。它們以必定不愉快的方式實現暫時性的任務。這些使人印象深刻的夢可能會變成所謂的「大夢」，從而使人改變他一生的走向。其他的夢可能不會預告未來或提出挑戰，而是會以某個條件的滿足做總結。一系列的夢常會揭示一個人的**個體化**路徑，並會顯現出個人的

象徵。夢可能是戲劇性的，像一齣劇那樣，伴隨著對問題情境、發展，以及結論。

　　榮格不斷告誡我們過度評價潛意識的危險，並警告這種傾向會削弱意識決定的力量。顧及到此點，特別美麗或超自然的夢可能有不健康、誘惑的吸引力，直到我們能親密地關注它。夢與作夢者密不可分，而潛意識若要令人滿意地運作，那麼有意識的**自我**就必須帶著探索與願意合作的態度才行。

　　夢的意象被視為潛意識事實的最佳表達。「若想理解夢的意義，我必須盡可能地親近夢的意象」，榮格這麼說（CW16, para. 320）。他說，夢有一種「不過就那樣而已」的特質，既不正向也不負面，純粹是一幅對於當前現況的畫像，而非他人的揣測或期待。對夢歷程的瞭解是多面向的，包含了一個人的全部，而不只是智性層面而已（參見 Self **自性**）。榮格承認在面對夢境時也會被它迷惑和阻礙，尤其是面對他自己的夢，而在面對任何初始價值並不明確的心靈現象時，這樣的定位與作法對他來說似乎是最好的。

　　榮格的最後一本作品是關於夢與夢的象徵，1961 年完成，並於 1964 年出版。現在閱讀這本作品以及其他關於夢的論文與研討會時，可以看見自從他與佛洛伊德的時代以來，對夢與作夢的**集體**態度所發生的變化。舉例來說，無論是否在進行**分析**，現在有許多人都會記錄自己的夢，即使無法走得更遠，都會試著將其放在所出現的背景中來考慮夢境。

　　對夢象徵的認識過去數十年間已經顯著地增加。透過《回憶、夢、省思》（*C. G. Jung:Word and Image*）和《人及其象徵》（*Man and his Symbols*）的出版，榮格的教導逐漸普及。此外，關於夢的研討會以及相關主題的大眾演講，伴隨著越來越多人參與分析，促成了對象徵與潛意識材料的廣泛興趣。其他的治療學派（例如完形與心理劇）也對**積極想像**的使用做出貢獻，此法被他們用來釋放夢境中潛藏的主觀內容。最後，當代對「走向旅程」，或投入一場困難、象徵性的追尋同時有意識與潛意識層面的著迷，它們都包含了漫遊、疏遠人群、危機、冒險與不確定性，這些都是一個人在跟隨自己夢境而走向內在旅程時會有的特徵。

　　自榮格死後，蘇黎世的榮格診所（C. G. Jung Clinic, Zurich）接續進行了對夢的研究。進一步的醫學及科學證據似乎反駁了他對於身體刺激的侵入活動會對夢歷程有所影響的早期觀點。霍爾（Hall, 1977）、馬頓（Mattoon, 1978）與藍伯特（Lambert, 1981）已發表了對於夢分析的臨床應用之研究。

驅力
drive

參見 archetype **原型**；death instinct **死亡本能**；life instinct **生命本能**。

自我
ego

在榮格的**心靈**地圖中,他竭力將自我的位置從佛洛伊德所分配之處給區分出來。他認為自我是**意識**的中心,但他也強調自我比起整個人格來說不僅較小,同時也帶著侷限與不完整。儘管自我和個人認同、人格的維持、人格在時間裡的連續性、意識與**潛意識**領域的調節、認知與現實的檢驗等事物有關,但也須被視為是對某種更高事物之要求的回應。那更高的事物就是**自性**,它是整個人格的秩序原則。自性與自我的關係好比「推動者與被推動者」。

起初,自我是與自性相融合的,但後來就從後者分離。榮格這麼形容兩者的彼此依賴:自性因提供了更全面的觀點而處於最高地位,但卻是自我的功能在挑戰或能完成自性所提出的要求。自我與自性之間的對抗被榮格視為人生後半段的特徵(參見 ego-Self axis **自我－自性軸**;stages of life **生命階段**)。

　　榮格也認為，自我起源於孩子的身體限制及環境、現實之間的衝撞。這些挫折催生了一座座意識的小島，並凝聚合併成自我。榮格在此處對於自我誕生年代的觀點，反映了他對佛洛伊德早期想法的持續依賴。榮格主張，自我是在三到四歲時才完全出現的。精神分析與分析心理學家現在則同意，知覺感官的元素最遲在誕生後就已存在，並在出生後第一年結束前，一個相對複雜的自我結構就已開始它的運作。

　　榮格將自我等同於意識的傾向，使他難以概念化自我結構的潛意識層面，例如防衛機轉。意識是自我的顯著特質，但它與潛意識之間也會呈現具有比例的關係。事實上，自我意識的程度越大，覺知到未知事物的可能性也越高。相對於**陰影**，自我的任務是去認識並整合它，而不是將之藉由**投射**給分裂出去。

　　榮格認為**分析心理學**是對過度理性及過度意識化之取向的反動，這些取向使人類從自然世界及人類自身的本質中被隔離開，從而限制了人。另一方面，他堅持**夢**與**幻想**的意象不能被直接用來促進我們的生活，而是一種原始的材料，一種象徵的原料，必須被轉譯成意識的語言並被自我給整合。在這項工作中，**超越功能**為我們連接了兩極。自我的角色是去區分**兩極**，承受它們的張力，允許它們被解決，並保護從中浮現的東西，後者會擴展及促進自我早先的侷限。

對精神病理學而言，有一些可被識別出的危險：(1)自我未從其早先與自性的同一性中分離浮現，並因此無法滿足外在世界的要求。(2)自我和自性相等同，從而導致意識的**膨脹**。(3)自我採取了嚴格與極端的態度，拋棄自性的意見，忽略了超越功能帶來的可能性。(4)由於所產生的張力，使自我未能與特定的**情結**產生聯繫，這會導致情結的分裂並使之主導個體的生活。(5)自我被來自潛意識的內在內容給壓倒。(6)劣勢功能可能維持未整合的狀態，因而無法被自我給取用，這會導致粗暴的潛意識行為以及人格的普遍貧乏（參見typology **類型學**）。

自我—自性軸
ego-Self axis

儘管榮格寫道，「自我相對於自性，猶如被推動者與推動者，或客體對主體」（CW11, para. 391），但他也承認這兩個重大的心靈系統都需要彼此。這是因為若沒有**自我**的分析力，及其促進獨立生活，並將嬰兒與其他依賴者分離開來的能力，**自性**就無法在日常生活的世界中存在。在自我的幫助下，自性促進生命能以更具深度的方式和更大的整合程度來活著的寶貴傾向，才能被人們給使用（可參考Edinger, 1972，是他發明了自我—自性軸這個詞）。

從發展的角度來看，一個強壯且有活力的自我—自性軸係源於母嬰關係中具有特定品質的個體，而它有賴於下列事物的平衡：在

結合與分離之間、在對小寶寶特定技巧的進步及讚許，與接納他是一個整體的人之間，以及對外在的探索與自我反思之間。反之也是如此。某些自我－自性軸的固有動力會被投射到母嬰關係中（參見 development **發展**；infancy and childhood **嬰兒期與童年**）。

經驗主義
empiricism

　　榮格認為他的心理學是經驗性的，意味著必須仰賴觀察與體驗而非**理論**。他將此視為推論或意識形態的對立面，並將經驗主義形容為具有盡可能正確呈現事實的優勢，雖然不夠重視想法的價值會使它有所限制。他也認為經驗主義的思維並不比崇尚空談的思維更不理性，他在論及兩種取向時，認為內傾是經驗主義的表達方式，而外傾則適用於空談主義（參見 typology **類型學**）。

　　再一次地，榮格的經驗主義取向也與**原型**有關，這可由**意象**的形式觀察到，原型因此是經驗主義的概念。佛登（Fordham, 1969）和其他學者堅持要藉由觀察個人行為來驗證原型的存在。希爾曼（Hillman, 1975）和另一群原型心理學家則主張觀察意象的運作。雙方都採取經驗主義的取向，但這也導致了對臨床材料的不同觀點（參見 Samuels, 1985a）。

行動展現
enactment

行動展現（譯註：臺灣精神分析學會將該詞命名為「共演」，因其在榮格心理學中的意義並不相同，故此處不予沿用）要與**行動化**有所區分，它可被界定為對原型刺激的承認與接納，並在與之互動的同時保留**自我**的控制力，因而使其隱喻意義能以個人且獨特的方式展開。與行動化相反，行動展現需要意識自我的努力，方能使侵略性的原型元素能以個人化的方式來表達。即使承認潛意識動機的存在與力量，人仍舊可抗拒它的吸引力，既不會因此而退行也不會讓自己被它淹沒（參見 inflation **膨脹**；possession **佔據**）。此點暗示著侵略的刺激物是某種當前人格所缺乏及尚未被其覺知之物的象徵。人得去忍受或因原型元素的存在而受苦，直到它所隱藏和象徵性的意義變得明顯為止（參見 symbol **象徵**）。

參見 active imagination **積極想像**；painting **繪畫**。

物極必反／極後反償／相反相成
enantiodromia

「反向運作」是由古希臘哲學家赫拉克利特（Heraclitus）首先提出的心理「法則」，意味著每件事遲早都會轉回它的對立面。榮格將之視為「支配自然生命循環的原則，從最小到最大皆是如此」（CW6, para. 708）。「唯一能逃出冷酷的物極必反法則之人，是那個知曉如何將自己與潛意識分離開的人」，他這樣寫道（CW7, para. 112）。如果沒有這樣的分離，人就會對自我調節機制過度依賴，並伴隨著**自我**控制力的持續忽略與衰弱。

對榮格來說，他經常引用物極必反概念，是要強調那不是一條公式而是事實，不僅對個人的心靈發展是如此，對**集體**的生活也是一樣。在治療上過度強調此點，當然會導致太常看向事物的光明面，或反過來說，總是期待最壞的那一面。榮格認可了物極必反之必然性所帶來的改變，這點幫助他得以預期心靈的運動，讓他相信預見它的發生或與其產生聯繫是有可能的，這樣的態度正是**意識**的本質。

他將此術語應用在潛意識中**兩極**的浮現，而它與意識所抱持或表達的觀點有關。如果極端、片面偏狹的傾向主導了意識生活，隨著時間過去，一個同等有力的相反立場就會在**心靈**中建立起來。它會先抑制意識的功能，接著打破自我對它的限制以及意識的控制。物極必反法則支撐著榮格的**補償**原則（參見 will **意志**）。

能量
energy

榮格把這個術語跟「力比多」（libido）交互使用（CW6, para, 778）。值得注意的是，心理能量雖是有限的，但卻是不可摧毀的。

就此點而言，榮格的想法和佛洛伊德的力比多理論很類似。兩者的爭議之處在於佛洛伊德認為力比多或心理能量有著獨有的性慾特質。榮格的概念則更貼近一種生命能量的形式，其本質上是中性的（參見 incest **亂倫**；psychoanalysis **精神分析**）。他指出，前伊底帕斯發展階段中的心理能量會採取許多形式：諸如營養的、易消化的等等。心理能量可被用來作為概念上的橋梁，連接身體區域的發展及**客體關係**兩者（參見 infancy and childhood **嬰兒期與童年**）。

儘管似乎合併使用了物理學的術語，心理能量在應用於心理學上時，仍舊是個複雜的**隱喻**：

(1)‧我們需要指出任何特定心理活動的強度。這使我們能檢驗此類個人活動的價值與重要性。一般來說，這可以透過參考心理能量在投入探索時的總量來達成，即便客觀測量心理能量總數的方法並不存在。

(2)‧我們需要展現興趣與投入焦點的轉移。這可透過假設存在心理能量可能流經的不同通道來完成。榮格就認為存在生理的、心理的、靈性的與道德的通道。此假說認為，一旦阻塞其中一個通道，心理能量就會流往其他的通道。能量本身在此處不會改變，不過是換了方向。

(3)‧能量流方向的改變並非隨機發生。也就是說，通道自身佔據著早先就已存在的結構（參見 archetype **原型**）。具體來說，被阻塞的能量流會將能量轉換到與其對立的通道去，這可藉由亂倫與本能衝動的連結來加以描繪，當其因為對亂倫的禁制給挫折時，就會去

佔領靈性的面向（參見 enantiodromia **物極必反**；opposites **兩極**）。

　　根據榮格的觀點，這是心靈會去維持平衡之自然傾向的例子。由於這個傾向的緣故，因而不僅是阻塞，包含失衡狀態發生時，心理能量也會改變其方向與張力（參見 compensation **補償**）。能量流的轉變可以從其結果來觀察，如同這個改變是朝著某個目標的方向而去的（參見 teleological point of view **目的論的觀點**）。榮格的能量觀點和模式與**意義**有關，他尤其注意那些在心理能量轉變前後所出現的**象徵**。

　　⑷·心理衝突可用心理能量流的擾亂這樣的術語加以討論。因此，衝突本身被認為是自然的。當論及**死亡本能**與**生命本能**時，兩者都可被視為從單一能量來源放射出來後所產生的顯現，儘管它們分別往終點與起點的方向移動。

厄洛斯
Eros

　　心靈的連結性原則；有時被榮格主張為女人的心理基礎；他自己也承認這是直覺性的說法，並不能正確地界定或科學地證明。在此基礎上，男人心理的對應原則是**邏各斯**（Logos）。但榮格在許多場合中都提及厄洛斯與邏各斯是能在任何單一性別中並存的。

　　相較於邏各斯的明確，厄洛斯的模糊性讓這個概念難以掌握。作為心理原則，對厄洛斯與邏各斯兩者的解讀有很大的差異。將

厄洛斯與「情感」的錯誤等同多年來一直困擾著**分析心理學**（參見 typology **類型學**）。它不能以量化的方法加以檢驗，也不能用簡潔的標籤把它歸於**兩極**光譜中的任一端，因為它可用正向或負向的方式來顯現。古根堡－克雷格（Guggenbühl-Craig, 1980）談到厄洛斯時，把它看成能使上帝與人類充滿愛意、創造力且彼此包含的屬性。我們必須承認它是**潛意識**的力量，而這個力量會與其保持潛意識的狀態成正比。

榮格的假設是，女人對心靈連結的需要可標誌且壓倒了她對純粹性關係本身的需要；雖然他警告這不能以一種絕對的意義或道理來使用，而且他會謹慎地持續分析來關注要如何以及在何處加以應用。當他寫下這些字句時，如同他在談到具爭議性或者公共議題時那樣，很難確定他在多大程度上是以心理學家或者個人的身分來發言的。他總結道，無論如何，厄洛斯不能被認為與性同義，但也不能與性完全分離，連同其他心靈本質的偶合（coupling）或群體活動，例如人性、美學與靈性一樣，厄洛斯「參與」了性，或至少是性的一部分。

最終，佛洛伊德主張兩種基本的本能：被他視為是厄洛斯的**生命本能**，以及死亡本能。他將基本關係的建立與保存歸為前者；而對這些連結的取消與破壞歸為後者。榮格則為否定此對立做出了相當的努力。「邏輯上而言，愛的另一面是恨，」他寫道，「而厄洛斯的另一面則是恐懼；但從心理學來說，它的另一面應當是權力意志。」（CW7, para. 78）

　　這樣的背景被榮格放在對佛洛伊德與阿德勒（Adler）的解讀中，此有助於我們瞭解他對厄洛斯作為一種原則時會如何使用，他持續主張潛意識的厄洛斯必然會在權力的趨力中找到其表達方式。假設被阿尼姆斯佔據的女人拒絕或失去與厄洛斯的聯繫，人們就會看見她的行為不再具有「邏輯」，而是被權力所驅動（參見 anima and animus **阿尼瑪與阿尼姆斯**；possession **佔據**）。邏各斯被視為「永恆的理性」，而個人理性的替代品則被視為權力。

　　對女人身上的厄洛斯原則以及相應於男人身上的邏各斯原則僅有少數的臨床觀察，因而對此理論的探究與研究相當稀少。當代女性的社會突破以及相應而來在性行為、性別角色與定義的改變，已使女性分析師重新探究女性意象的初始源頭，她們試著反思或驗證當代的女性如何以嶄新及具創造力的方式突破或顯現其厄洛斯傾向。不令人意外的是，現在的注意力開始更明確地聚焦於父女關係以及榮格的厄洛斯表達五階段，包含生物的、性的、美學的、靈性的，以及智慧形式的階段（智慧女神夏比安）。

　　參見 gender **性別**；reflection **反思**；syzygy **互補對立體**。

倫理
ethics

　　係指一種道德命令的系統。諾伊曼（Neumann, 1954）曾對深度心理學的倫理有過著述。榮格還為此作品寫過一篇前言，他在此處

重申自己的觀點：人的道德法則表達了一個心理事實，該事實可能會也可能不會從屬於**反思**及其個人**潛意識**審判的裁斷。意識的發展需要謹慎考量，它涉及宗教觀察，亦即同時以普世觀點和個人觀點來觀看事物。對榮格來說，這是一種倫理的承擔（參見 morality **道德**；religion **宗教**）。

惡
evil

榮格對惡的態度很務實。如他一再表示的那樣，他對惡的興趣不是由於其哲學角度，而是從**經驗主義**的觀點出發。身為心理治療師，他認為他必須優先處理的是人對善惡如何構成的主觀判斷。在某個時間顯現為惡或至少是無意義與無價值的事物，可能會在更高的**意識**層次上又顯現為善的源頭。

在他還是個孩子的時候，榮格就曾在**幻象**中面對過上帝的黑暗、不潔與難以忍受的那一面（1963）。後來他將此幻象概念化，並藉由將它指認為基督教上帝的**陰影**而給予它心理的有效性。在榮格對**自性**的經驗中（此處他將其與**上帝意象**予以等同），他主張光明與陰影的面向構成了矛盾的整體。

「善與惡是我們倫理判斷的原則。」榮格寫道，「但是，若將其還原至本體論的根源處，它們就是『開端』，是上帝的面向（CW10, apra. 846）。原則是超越了一切已知的事物，它比個人自身的判斷更

有力量，是原型上帝意象的一種屬性（參見 archetype **原型**）。因此，在他的觀點中，這個問題不能被相對化。人類必須處理惡，並認識它的力量與惡魔般的矛盾狀態。

在榮格的職業生涯中，他多次遭到神學家嚴厲批判，因為他堅持惡的現實性以及上帝意象的矛盾本質。他堅持認為我們無法得知究竟何為善惡，但我們能在下判斷的時候知覺到它們，並將之與經驗相聯繫。他不把善惡視為事實，而是對事實的反應，也因此，兩者中的任一方都不能被視為另一方的縮減或缺乏。心理上來說，他接受兩者是「同等真實的」。相對於善，惡的位置是有效且具威脅性的現實，一種在宗教傳統（例如惡魔）與個人經驗中象徵性展現自身的心理現實（參見 opposites **兩極**）。

這樣的觀點在榮格與名為維克多·懷特（Father Victor White）的英國神父的通信裡被廣泛探討，但最終兩位朋友發現他們都無法接受對方的觀點（參見 Heisig, 1979）。

參見 guilty **罪惡感**；religion **宗教**。

外傾
extraversion

參見 typology **類型學**。

童話
fairy tales

　　係指那些代表集體**潛意識**的故事，它們源於歷史與史前時代，描繪了未經學習的行為與人類種族的智慧。童話展現了相近的母題（motifs），這些母題可在不同的地區與時代中發現。它們和宗教理念（教條）及**神話**一起提供了象徵，使潛意識內容能被掘出並進入意識中，再由後者進行闡釋與整合（參見 integration **整合**；symbol **象徵**）。在**思覺失調症**的研究中，榮格發現這些典型的行為形式、出現在夢境中的母題、幻象，以及精神病人的妄想系統和傳統並不相同。這些原始意象被他稱為原型（參見 archetype **原型**；image **意象**）。

　　童話是圍繞在原型主題旁發展而成的故事。榮格假設它們的原始目的並非為了娛樂，而是談論黑暗力量的方式，這些力量因其聖祕性與魔力而令人畏懼及難以親近（參見 *numinosum* **靈啟**）。這些力

量的屬性被投射在童話、傳說、**神話**中，在某些情況下，還會在歷史人物的生命故事中出現。意識到此事的榮格認為原型的行為可藉由兩種方式來研究，其一是透過童話與神話的分析；其二是透過對個人的分析。

根據榮格的說法，分析心理學家會使用童話來描述心理行為。而馮‧法藍茲（Von Franz, 1970）就是最直接關注童話分析的人，她視其為「集體潛意識心靈歷程最純粹，也最簡潔的表達形式」。

幻想
fantasy

係指意象與念頭在潛意識**心靈**中的流動或聚合，兩者建構起幻想最具特色的活動，與思想或認知不同（但可參見 directed and fantasy thinking **定向和幻想思維**）。榮格認為，幻想的產生最初是獨立於自我意識的，儘管它與後者有潛在關聯（參見 ego **自我**）。

潛意識幻想是原型結構運作時的直接結果（參見 archetype **原型**）。雖然潛意識幻想的原始材料可能部分源於意識的元素（例如對真實人物的回憶或體驗），但與幻想之間並無客觀的聯繫。這就暗示著，必須把存在於幻想運作中作為幻想原始材料的外在真實人物，以及可以跨越內外界線的人物給區分開來（參見下文）。或許我們可以這麼說，原型所能達到的樣態與個人能展現的程度這兩者真正在環境中的「對應」有所差異，它同時得遵循心靈在建構潛意識幻想時而使用外部材料的特定目的。

　　這類幻想可以說為個人的生活「添加了色彩」，並藉由預先存在的潛意識架構來塑造人的生活。榮格寫道，這種幻想「想要」變得意識化，而個人不需要做任何事將幻想帶出，它們也會想要「闖入」**意識**中。因此，榮格將其稱為「消極的」幻想（對克萊恩使用「潛意識幻想」的解釋可參見 Isaacs, 1952）。

　　另一方面，「積極」幻想則需要自我的援助才能浮現在意識中。當其發生時，我們就會遇見心靈中意識與潛意識領域的融合；這是一個人心理統一性的表現。因此自我與幻想的關係對榮格極為重要，它同時是**自性**的一種表達，也是治療的方法（參見 active imagination **積極想像**）。

　　消極幻想通常是病態的，而積極幻想則有高度的創造力，但榮格認為這樣的觀點可疑或至少是矛盾的。因為他對幻想的另一個定義（CW6, paras711-22）是一種具有想像力的活動，一種完全自然、自發性且富有創造力的心靈歷程。這不可能是病態的。似乎是為了凸顯積極／消極的二分法，榮格很少關注**自我**與潛意識幻想關係裡的最終角色（參見 transcendent function **超越功能**）。

　　跟**夢**一樣（榮格將之與消極幻想相比較，這肯定了前文中所提到的懷疑），幻想也可以被闡釋。榮格認為幻想有其外顯與隱藏的內容，且能用還原和／或合成法來進行闡釋（參見 reductive and syntheticmethods **還原與合成法**）。

　　幻想的主要構成物是意象，但這只能用寬鬆的意義來理解，意指任何存於心靈中的主動元素，在缺乏直接刺激物時也能構成幻

想，而不僅是對起源於外部的刺激進行視覺化。「意象」這個術語被用來指稱幻想與外部世界的隔閡（參見 image **意象**；imago **意像**）。在榮格的概念裡，正是幻想與其意象隱藏於背後並支持感受與行為，而非反之。幻想不是對情緒與行為問題進行編碼後的次要版本。榮格的心理學是**潛意識**的心理學，潛意識是主要且具動力性的因素。

同樣地，有些評論家希望能將此觀點加以調和，並增加外在世界經驗之品質（及其特性）的重要性。有時候，榮格藉著一種心理、象徵的因素來橋接邏輯或理性之對立的習慣性關注，也意味著他察覺到此分類過度僵化。因此他將幻想稱為念頭或意象（缺少明確的現實）及整體物理世界（缺少心智或在心智間的位置）間的連結。當幻想展現此連結意義時，榮格將它稱為「第三」因素（CW6, 77-78）。溫尼考特（Winnicott, 1971）也使用相近的術語「第三區域」，用以指出嬰兒企圖護持內在事件之幻想與外在世界的現實，並將之置於同一架構的行為（參見 opposites **兩極**；psychic reality **心靈現實**）。

問題是我們現在對幻想有兩種相異的定義：（1）它與外在現實不同且彼此分隔；（2）它可用以連結內在與外在世界。我們可以藉著將「內在世界」理解為某個架構或僅以結構形式存在的某種事物來化解這個困難。那麼幻想就會是一個橋接原型與外在世界的因素，同時又與現實的對立面相互聯繫。

幻想與藝術的創造力有關連，儘管榮格同樣指出藝術家的工作不僅是複製他們的幻想而已。「心理」本質的藝術可能包含了藝術家對他個人情況的利用——但那是另一回事。榮格也寫道，藝術是

「具有遠見的」，它超越了個別藝術家的侷限，是一種與心靈之古老智慧的直接溝通。

參見 symbol **象徵**。

父親
father

參見 archetype **原型**；imago **意像**；infancy and childhood **嬰兒期與童年**；marriage **婚姻**。

女性
female

參見 sex **性**。

陰性氣質／陰性（的）
feminine

參見 gender **性別**。

固著
fixation

　　由於固著的概念預設了心理發展有任何特定現象都可參考的一份共通標準和時間表，故而**分析心理學**並不常提到這個術語（參見 development **發展**）。同樣地，榮格對純還原式**闡釋**法的摒棄，也意味著他並不強調「固著點」的概念（參見 reductive and synthetic methods **還原與合成法**）。這可能是精神分析自佛洛伊德的結構理論之後所出現的三大發展方向（自我心理學、**客體關係**與自體心理學），都不再關注固著的概念使然。從精神分析的角度來說，當代的取向更加關注對防衛的分析（自我心理學）、關係（客體關係）以及**意義**（自體心理學）。

愚人
fool

　　參見 trickster **搗蛋鬼**。

性別
gender

人受其文化影響而將其生理性別區分為陽性氣質與陰性氣質從而產生的類別。榮格在演講或寫作時似乎沒有意識到性別與**性**的差異，與前者相比，後者是生理決定的。

儘管榮格和妻子艾瑪·榮格（Emma Jung, 1957）都沒有意識到基於文化的改變正影響著他們那個時代的男女雙方（此處可注意榮格的**聖母瑪利亞升天教義宣言**，以及艾瑪·榮格對女人的自我意象會隨著現代的避孕技術而有變化的直覺性認識），他們兩人對這些改變會給個人帶來的衝擊，及其與兩性心理學之間的聯繫都更感興趣。在某些地方來說，他們預見到了且可能在某些程度上替今日性別認同的變化鋪平了道路。基本上，他們的態度和與其所處時代的文化保持一致，但他們未曾對任一性別會優於另一個性別表達過意識上的偏好。

他們對**互補對立體**的研究目的是性別導向的；但此觀點在目前也受到了質疑（Samuels, 1985a）。當前的**分析心理學**研究接續探究以下數點：（1）性別與性有多大程度上的相關；（2）當性別角色與狀態出現轉變時，會出現什麼心理影響；（3）對傳統意象的研究是否能揭示任何更能反映陰性心靈的文化形式；（4）性別定義與創造力之間是否存在著可能的連結。

上帝意象
God-image

用心理學的術語來說，榮格認為上帝意象實質上是一個統一且超越的**象徵**，它能將各種異質的心靈碎片吸引到一處，或將處於對立面的**兩極**統一起來。就好比每個**意象**那樣，上帝意象也是一種心靈產物，那和它試著想要代表及指出的對象並不相同。上帝意象指出了一種超越意識的現實，是極為聖祕的（參見 *numinosum* **靈啟**），它會迫使人們去注意它，吸引**能量**，且和以類似形式強加於古今所有人類的某種念頭相近。因此，它是一個有關整體性（totality）的意象，而且「作為心靈階層的最高價值與最高主宰，上帝意象高度相關，或等同於**自性**」（CW9ii, para. 170）。然而，作為整體性的意象，上帝意象有兩面性：善與惡。

為了明確區分上帝與上帝意象，榮格寫道：

對客體（對象）與意象的持續汙染，造成人們無法自概念上區分「上帝」與「上帝意象」，因此當有人提到「上帝意象」時，就會被認為是在講神，並提供其「理論」的解釋。但這並不是為了心理學這門科學才要求將上帝意象給實體化的，而是事實如此，它確實必須考量上帝意象的存在……上帝意象對應一種心理事實的明確**情結**，因此是我們可以運作的定量（quantity），但上帝本身是什麼，依舊是超出心理學能力之外的問題。（CW8, para. 528）

從心理治療的觀點來看，上帝意象如同我們內在的教堂那樣運作，它如同一個心靈的容器，一種參考的架構，一個價值的系統以及道德的仲裁者。任何個體宣稱他經驗到上帝時，榮格都會承認那是上帝意象，那代表了個人的最高價值，不論它是有意識或無意識地被表達出來，而在歷史中反覆發生於想法、教義、**神話**、**儀式**，與藝術的典型宗教母題也是如此。

參見 religion **宗教**。

神與女神
gods and goddess

參見 myth **神話**。

大母神
Great Mother

榮格的原型理論使他假設，母親對子女施加的影響力不一定源於母親此人本身和其實際的人格特質。除此之外，某些母親擁有的特質實際上似乎是源於環繞在「母親」周遭的原型結構，並被她投射在自己的孩子身上（參見 archetype **原型**；projection **投射**）。

大母神是對源自**集體**文化經驗之普遍**意象**的命名。作為一個意象，她展現了原型的充實性以及包含正負向的兩極性。嬰兒會傾向將他早期的脆弱與對母親的依賴組織成正向與負向等經驗。正向的經驗會吸引諸如「母性關懷與同情」、女性的魔力權威、超越理性的智慧與靈性喜悅，及有益的本能或衝動等特質，所有這一切都是慈善、感恩與充足的，會促進成長與豐饒。簡言之，是好母親。負向的經驗暗示壞母親是「所有祕密的、隱藏的、黑暗的事物；深淵、死者的世界、任何會吞噬、引誘，並毒害的經驗；好比命運那樣令人恐懼而且無所遁逃」（CW9i, para. 158）。

從發展的角度來說，這暗示著母性**意像**的分裂（參見 object relations **客體關係**）。榮格指出，這樣的對比廣泛流行於全人類的文化意象中，因此人類整體對於母親的分裂並不覺得怪異或難以忍受。但最終，嬰兒必須和作為一個人的母親和解，如果他想要完整地理解母親整個人，就得將自己對母親的另一面覺知帶入母親身上（參見 *coniunctio* **合化**；depressive position **憂鬱心理位置**；infancy and childhood **嬰兒期與童年**）。

　　除了個人／原型、好／壞這樣的二元論之外，我們還必須增加物質／精神的對比：大母神冥府的、農業的外表，以及她神性、優雅、純潔的形體。這也在嬰兒發展對母親的平常意象時有所反映。

　　很重要的是要瞭解，在發展心理學中使用大母神這樣的術語是隱喻而非字面上的。無疑地，嬰兒知道他的母親並非多產的女神或有破壞力的「黑夜之后」；然而他仍可能將她與這樣的形象聯繫起來。

　　榮格認為，大母神意象的特質對兩性來說並不相同。因為女性對男人來說猶如異類，因此會被男人置入**潛意識**中，從而因其被隱藏的事實而對男人施加更大的影響力。但女人與她的母親分享同樣的意識生活，從而比起男人來說，母親意象在女人身上變得更不令人畏懼也更缺乏吸引力（參見 androgyne **雙性共身者**；anima and animus **阿尼瑪與阿尼姆斯**；Assumption of the Virgin Mary **聖母瑪利亞升天宣言**；gender **性別**；sex **性**）。榮格可能在這裡把母女關係給理想化了，他輕忽此關係的競爭面向，而是從他所處時代的角度來看待這份關係。同樣地，榮格將母親原型與父親原型做了特質上的區分，這一點也使人議論那反映的是他自身所處的文化。

　　母嬰關係的基本性質意味著作為文化與歷史現象的大母神，提供了許多刺激我們接續探究的面向（例如 Neumann, 1955）。其中的某些面向如今才開始由女性進行探討。

群體／團體
group

榮格對群體心理學（與團體心理治療）的態度表現出一種**自相矛盾性**。因為群體可以給人「一份勇氣、一座靠山和一份尊嚴，而這些是在孤身一人時容易失去的」，但那同時也具有危險，那就是從群體生活中得到的益處將會證明它具有很大的誘惑力，能抑制人的獨立性並使其喪失（CW8, para. 228）。

分析心理學在個人與**集體**、**社會**、他自身所處的**文化**、大眾或團體的關係中存在混亂。那或許是因為榮格在看待一個人時，主要是從其與內在世界的關係出發所帶來的，相較於人際關係與社群關懷，他對後者比較缺乏興趣。

榮格理論對群體心理學的主要貢獻墊基於以下主張：未充分整合的原型傾向，其影響力會導致諸如法西斯主義這樣的集體現象。參見亞菲（Jaffé, 1971）和歐達尼克（Odajnyk, 1976）對榮格政治傾向的觀察。

罪惡感
guilt

此處是把它歸在心理學而不是道德或法律類別。它所指涉的是可能具有或可能沒有客觀基礎而存在的感受。當然，非理性基礎的

內疚從理性觀點來說可能更有意思，但榮格指出，無法認識或承認罪惡感之中具有理性的本質，會給人們帶來巨大的心理後果。

榮格使用「集體罪惡感」這樣的術語來和「個人罪惡感」區別。然而，這樣的劃分並不明確。榮格並不認為個人罪惡感只會單獨源於個體的特定環境；它也會以原型的因素呈現。同樣地，集體罪惡感也會在個人的層次上現身打擊我們，集體罪惡感可以和命運、詛咒或汙染的形式相比較（參見 collective **集體**；Self **自性**；unconscious **潛意識**）。榮格對集體罪惡感所舉的例子是非納粹份子的德國人在二戰期間，以及希特勒對猶太人的罪行被揭露後所擁有的感受。

為了避免向外投射**陰影**的內容，罪惡感或許是必要的，以免他人的罪惡感襲擊了個人，從而引起道德譴責。榮格因此和佛洛伊德不同，他認為要想避免神經症，反而可能**需要**有罪惡感。即是那是非理性的，它也會將之引入潛意識的充能區（charged areas）。榮格此想法的核心概念是他確信對陰影的**投射**會削弱人格，甚至到達泯滅人性的程度。

罪惡感鼓舞了對何者為**惡**的反思，這和對何者為善的反思一樣重要。「在萬不得已之時，沒有不能產生惡的善，也沒有不能產生善的惡。」（CW 12, para. 36）

參見 super-ego **超我**；morality **道德**。

療癒
healing

榮格經常用它指稱**分析**的目的，同時暗示它和客觀的「**治癒**」不同（參見 Gordon, 1978），亦即療癒的目標或終極產品是由個人及其潛在的完整性所採用的形式所定義（參見 individuation **個體化**）。同樣地，榮格希望能將分析和一般的醫學予以區分，他也強調分析師的人格品質，這點同樣和佛洛伊德對特定技術的偏好相異，這使榮格將療癒視作藝術，有時則稱它為「實用的藝術」。他也把療癒跟同情心相連，當代將治療關係中的有效治療元素界定為治療師的溫暖、真誠與同理心，而榮格的觀點與之類似。症狀可以從精神病理學的觀點來看待，也可以將之視為療癒的自然企圖（參見 pathology **病理學**；self-regulatory function of the psyche **心靈的自我調節功能**）。

　　負傷療癒者的意象有時會被用來說明分析的不同層面。邁爾（Meier, 1967）比較了醫神阿斯克勒庇俄斯（Aesclepius）神廟的古老療癒法與分析治療的相似之處。此古老的療癒法會在一個密閉的環境中展開，例如某個**神聖空間**或神廟的某個區域，在那裡促進當事人的睡眠並期望「病人」能在此地作個療癒之夢。半人馬凱龍（Chiron），這位教導療癒藝術的老師，他就被描繪成一位為了無法治癒的傷口而受苦的人。分析師可以被視為負傷的療癒者，允許當事人退行及放棄過度意識功能的分析情境則可被視為神聖空間（參見 analysis **分析**；analyst and patient **分析師與病人**；regression **退行**）。

　　此觀點被古根堡—克雷格（Guggenbühl-Craig, 1971）進一步發展。負傷療癒者的母題是某種原型的象徵性**意象**。這是它之所以能包含兩種顯然互相矛盾的元素之因。但在我們的文化中，人傾向將意象加以分裂，讓任何助人關係中的分析師形象變得全能、健康、有能力。而病人則依舊是個病人，消極、依賴、「需要住院」。如果所有分析師都有內在的傷口，那麼一個對外呈現「健康」樣態的分析師就切斷了他內在世界的某個部分。同樣地，假設病人僅能被視為是「有病的」，那麼他也會切斷自己內在健康或能自我療癒的那部分。理想上，儘管病人一開始可能將他自我療癒的能力投射在分析師身上，但之後他就會將其收回。分析師將自身的受傷經驗投射在病人身上時，是為了從情緒意義上去瞭解病人（參見 Kohut，他將同理／神入定義為「替代性內省」）。

訓練分析制度承認這樣的事實，亦即作為一門專業，分析會吸引「負傷療癒者」加入。有越來越多的證據指出此事實存在於所有的治療專業裡，甚至可能是進入此行業的一項資格（Ford, 1983）。榮格強調，分析師只能領著另一個人走向他曾走過的路程和距離。

榮格還對療癒做出了進一步的文化觀察：（1）**啟蒙**指向療癒；（2）**宗教**能起到「偉大心靈療癒系統」（CW13, para. 478）的功能；（3）不論從字面義或象徵義，還是從身體上或財務上來說，**犧牲**對療癒都是必須的，沒有放棄就不會有收穫；（4）對治癒這件事有著普世性的需求與興趣。

雌雄同體人
hermaphrodite

一種將男性與女性潛意識結合在一起的原始統一體。在許多意象中，**銜尾蛇**是這些未分化狀態中最引人注目的象徵。

儘管此術語被使用在一個雙性的狀態，且在煉金術中它常被用來指稱「被保證完成的偉業（opus）」，但在最後的轉化階段中，即便是雌雄同體人，也最好是以**雙性共身者**來定義為佳（參見 androgyne **雙性共身者**）。作為煉金術士口中的原始物質，它是男性精神與女性肉身的融合；而過程的終點，亦即哲人石（lapis），也同樣以相異卻共存平等的形式包含了兩者。

　　榮格發現，雌雄同體人的形象非常怪異，他感覺這樣的形象不可能公道地代表**煉金術**此門藝術的理想和目標。對於這樣崇高的精神理想竟可被如此粗糙的**象徵**給表達，榮格認為事實是煉金術士脫離了心理或宗教的參考架構，因而無法將自己從潛意識的擄獲以及本能性慾中解放所導致。然而，若我們將**煉金術**認為是對當代**潛意識歷程**的投射，那麼在**分析**歷程的初始階段，對雌雄同體人此象徵的持續強調與其非凡的吸引力，在我們為「男人與女人」這一對特殊的**兩極**工作遭遇困難時，可作為參考的對比。

英雄
hero

　　一個對應人類潛意識**自性**的神話母題；根據榮格的說法，「這是準人類的存在，象徵著可用以塑造或掌握**靈魂**的想法、形式與力量」（CW5, para. 259）。參見 myth **神話**。英雄的意象體現了人類最有力量的抱負，並揭示了他實現志向的理想方式。

　　英雄是過渡性的存在，是一種**魔力人格**。他最接近的人類形象是祭司。從心靈內部來看，他代表為了追尋**完整性**或**意義**，而尋求與經歷反覆轉化的**意志**與能力。因此他有時看來是**自我**，有時又像是**自性**。它是**自我－自性軸**的化身。

　　英雄的完整性不僅暗示著堅持抵抗的能力，也包含有意識地保留**兩極**的巨大張力。根據榮格的觀點，若要達成此成就，就得從嬰

兒期開始持續到終身，不只一次，而是屢次冒著退行的風險，有意
識地將自己暴露在被「母性怪物」(maternal monster)吞噬的危險之
中。榮格將母性怪物界定為**集體**心靈。

當討論英雄母題時，榮格煞費苦心地指出危險所在。具有此等
份量的形象不可全盤接受，它需要最為謹慎地給予分析式的描繪與
分化(參見 analysis **分析**)。意象的價值有賴於其內部心靈功能。**認同
英雄意象**的荒謬是很明顯的，但在面對**原型**時，我們常會缺乏幽默
與分寸。當對目標的追求優先於旅程中的經歷時，正是對英雄意象
的激情探求導致了過度理智化以及爭取目標的虛假意識，然而目標
只能藉由與個人**潛意識**的對話逐步實現(參見 analyst and patient **分析
師與病人**；dreams **夢**；individuation **個體化**)。

如同榮格正確預見到的那樣，一個有如此廣泛集體吸引力的原
型將不可避免地找到集體式的表達並引來**投射**。由於分析心理學仍
是一門年輕的專業，以及受到早期詮釋者作為的影響之故，因而必
須面對這個問題。因為英雄母題的神祕吸引力與感染力，近年來的
傾向是去淡化這個母題的重要性。

同性戀
homosexuality

我們有必要弄清楚榮格所指的同性戀究竟是導致性活動的外
在性趨向、潛在趨向，還是內在世界的趨向。無疑地，他把同性戀

行為視為是有限的，儘管他承認對某些人來說是有著穿越同性戀階段的心理必要性。另一方面，同性戀也被認為是組成性慾的一個部分。榮格評論道，如果興趣僅僅包含異性戀的固定額，那麼我們就不需要諸如力比多或心理**能量**這樣的動力式**概念**了。同性戀或許是多形態嬰兒期性慾的殘餘物質，然而，它作為一種內在世界的要素，無疑具有潛在的心理價值（參見下文）。

有關同性戀的起因，榮格似乎採用結構式與發展式的觀點，雖然這兩種觀點有些重疊。從心靈結構的立基點來看，同性戀可被視為對其對立性別元素的認同，**阿尼瑪與阿尼姆斯**分別對應男性與女性（參見 psyche **心靈**）。榮格的觀點是，大部分的潛意識對立性別元素會反映一個人身體性別的另一極。認同阿尼瑪的男人會承擔起女性化的角色，而認同阿尼姆斯的女人，則會承擔男性化角色。在這樣的狀況中，女性化的男人會尋求一位男性伴侶，而男性化的女人則會尋求一位女性伴侶。想必伴侶彼此都受相同的心理所吸引。男人可被視為投射了自身男性氣概在另一個男人身上，而女人則投射了自己的女性特質在另一位女人身上（這樣的構想也同樣適用於異性戀的**婚姻**）。榮格此種結構式取向也在臨床情境中有所描繪。某些男同性戀理想化或過度看重陰莖，顯現在分析中時，是由於陰莖代表了他們自己的男性氣質。這樣的男人很容易對年紀較大、更有社會地位的男人形成父親移情。某些女同性戀則會理想化她們在關係中所感受到的姐妹情誼，這是一種對她們所投射的女性氣質的過度重視。

　　從發展的立基點來看，榮格將同性戀視為對與異性父母親之關係的表達方式。他指的是一種過度的涉入、不尋常的紐帶關係，以及一種過度發展的母親情結或父親情結（參見 complex **情結**）。亂倫衝動阻止了異性戀衝動的繼續，而同性戀則是唯一可以卸載性能量的管道，並使全部的情緒活力都留在孩子與同性父母親的關係裡。

　　再者，孩童的非異性戀認同也開啟了一條能與其異性父母親建立精神婚姻的安全道路。彼此的相互傾慕受到了強化穩固。根據榮格的觀點，這種無性的親子婚姻（child-parent marriage）**意象**是一個普遍的母題，暗示著某種**完整性**且因此擁有吸引人的力量。尤其是母親，她能從兒子的同性戀中獲得潛意識的滿足感。榮格的觀點是，這讓這位母親的靈性需求得到滿足，儘管她的意識層面對此情況焦慮又悲傷。

　　榮格也評論過同性父母親的角色。那是一個懲罰性父母的意象。正是此意象站在了孩童與異性父母的中央，並強化了孩童對非異性戀模式的關注。

　　結構式的觀點（男人之**陽性**元素的**投射**以及女人之**陰性**元素的投射）也可應用於此處。父親意象可能是此投射的載體，因此他對小男孩來說成為了慾望的客體。這導致日後的同性戀。類似的現象也在女孩和其母親的關係中發生。此外，女人對自己未曾有過的好母親經驗的尋求，也可能導致她成為同性戀。

　　若將同性戀看成一種內在傾向，榮格很明確地肯定其價值，尤其它被視為正向情結的一部分時。他在寫下面這一段話時是從男性

的角度出發,但在他談到女同性戀的大量論述中,也未曾提到不能將之對比於女性。一個有著正向母親情結以及同性戀傾向的男人可能會有:

> 強大的友誼能力,這常會為男人之間創造出使人驚訝的溫柔紐帶,甚至能從兩性之間拯救近乎不可能存在的友誼。他可能會有良好的品味與審美觀,而這是由其陰性特質所培育而成的。他也可能會因其近乎女性化的直覺與手腕而有極高的教師天賦。他可能會鍾情於歷史,且在最佳意義上成為傳統的守護者,珍視過往的價值。通常他還會飽富宗教情懷且擁有對靈性的接受能力。(CW, 9i, para. 164)

當代的榮格派作家則爭論道,去承認同性戀並非精神病態是很重要的。多數關於同性戀的理論是基於恐懼與偏見,且我們應瞭解到理論不會自外於文化脈絡而產生。其他作家則警告說,他們反對把同性戀不經意地理想化。然而,「同性戀」這個分類本身就有問題。關於同性戀是否應該被認為是參與分析訓練的障礙,這件事曾經有過激烈的討論。時至今日,主要的榮格派分析訓練已不再設置這樣的障礙。

歇斯底里
hysteria

　　儘管榮格一如既往地不贊同佛洛伊德對性慾的過度看重，但他對佛洛伊德有關歇斯底里的觀點並未全盤反對（參見 psychoanalysis **精神分析**）。歇斯底里的症狀是受壓抑之記憶以不同形式所做的歸返，它們是象徵性的，且其意義可被**分析**法闡明（參見 symbol **象徵**），當中有過多且帶著問題的心理**能量**（通常跟性能量有關），而歇斯底里的病理學原因可在病人的個人背景中找到。頗令人驚訝的是，榮格在個人**潛意識**上增添集體潛意識的理論習慣，在其討論歇斯底里時並未發生。這或許反映了這樣的事實，也就是他在討論歇斯底里這個主題的多數著作主要源於他早期研究精神病的階段，當時佛洛伊德的理論是他最常去論證或討論的。榮格早期對精神病的興趣主要集中於被改變的意識狀態或半意識狀態（「神祕」現象，夢遊、歇斯底里）。參見 spirit **精神**。

　　榮格的貢獻可被摘要如下：

　　（1）**字詞聯想測驗**（參見 asscociation **聯想**）顯示出祕密在歇斯底里中扮演著核心角色（亦即那些被禁止的東西，因此歇斯底里幻想中的性慾本質被揭露了）。

　　（2）在歇斯底里中，心靈將自身分成多個相對自主情結的自然傾向會失去控制，以致單一或多個情結入侵且佔據了身體（參見 complex **情結**；possession **佔據**）。人格解體的形式將會取而代之，而歇

斯底里的身體症狀可能會被視為此類病態情結的象徵性代表（參見 dissociation **解離**）。

（3）運用**類型學**，榮格的結論是：歇斯底里可被視為一種外傾的症狀（而**思覺失調症**則是內傾的症狀）。這是歇斯底里傾向於需要將他人包納進自身難題的原因，因為他們會將自己的困難投射到外界（因此才說它們是外傾的）。歇斯底里對外界造成的效果就是當事人內在世界的徵兆。一個簡單的例子是，歇斯底里造成的腿部麻痺需要尋求他人的幫助才能行走。還有什麼能比這更清楚地展現病人的退行狀態，及其未被滿足的嬰兒期需要呢？

（4）如第 3 點所述，歇斯底里的病人經常會顯現出領導者的形象。在榮格的觀點中，希特勒（Hitler）就是其中一例。榮格寫道，納粹主義很貼切地為我們表現出患有「集體歇斯底里」（參見 guilty **罪惡感**）的狀況，一大群人在此狀態中將自身的某部分分裂出去，從而表現得很「失控」。希特勒的解離與這群德國人民當時的狀況剛好相符。

念頭
idea

　　榮格在兩方面使用這個術語。一方面，該詞用以稱呼源於某一**意象**的**意義**。在此時，念頭似乎是次要的現象。另一方面，「念頭」也表示一個主要的心理因素，它若不存在，就不會有具體的情緒或概念。

　　第一種用法是為了讓人知道：意象不是從純粹的視覺印象發展出來的。第二種用法反映了榮格的柏拉圖傳承以及他對哲學家康德（Kant）的興趣。

　　榮格用法的好處是他強調了我們不需對理性和想像力的產物做嚴格的區分，它們都可作為不同類型思維的證據而予以接受。從其他的觀點來說，榮格在此處預見了科學方法論在後笛卡爾時代所發生的典範轉移。

　　參見 directed and fantasy thinking **定向和幻想思維**。

認同
identification

　　一個人的人格對另一個人、原因、地方或其他形象所做的**潛意識投射**，被投射的對象能提供存在的原因或存在的方式。認同是正常**發展**過程中的一個重要組成。在極端的形式中，認同會採取**同一性**的形式，或可能導致**膨脹**。對另一個人的認同，例如分析師，就其定義而言就排除了個體化的可能性。幸運的是，認同與拒絕認同的歷程可以在不同的發展層次裡同時發生，即便在成人時期也是如此。

　　參見 object relationships **客體關係**。

同一性
identity

　　兩個不相同的實體卻在事實上表現得完全相同的潛意識傾向。兩者可能同時都是內部或外部的實體，同一性也可能會發生在一個內部元素與另一個外部元素之間（榮格並不以「個人身分」這樣的意義來使用這個詞；參見 ego **自我**）。

　　榮格對嬰兒心理的觀點是，他存在於與父母的同一性狀態裡，尤其是他的母親。也就是說，他和父母共享心理生活，僅有一些些或甚至沒有自己的部分。很明顯地，這和事實不符（而榮格自己後來也駁斥了這樣的觀點，他觀察到新生兒有複雜的心理；參見 infancy and childhiood **嬰兒期與童年**）。因此故，後來的分析心理學家也保留了修正過的版本。

現在的同一性是作為通用的術語，用以涵蓋嬰兒期主體與客體之間尚未誕生清楚意識分化時的全部現象。它被隱喻性地指稱嬰兒和其母親在融合（為一）的狀態時所產生的正向與負向意象、幻想與感受。同一性在某種程度上被視為是一種成就；一種由嬰兒主動接近的行為所導致的母嬰二元體狀態，此狀態必須在依附－分離過程發生之前進入（Fordham, 1976）。參見 *participation mystique* **神祕參與**，那是一種近似於完全同一性的狀態。

榮格堅持認為，同一性是預先存在的狀態（「原始的」同一性），同時也是在調適之後能使我們進入同一性狀態的先天原型能力（參見 archetype **原型**）。用通俗一點的語言來說，就是人若未曾親近，就無法產生個人的依附；而人若未曾有過依附，也就無法順利分離。事件發生的順序是：（1）在出生時，母親與嬰兒在心理上是分離的。兩者都有進入同一性狀態的天生能力；（2）同一性的狀態達成了；（3）從上述階段所產生的個人依附隨之發展；（4）從上述階段所產生的分離開始了。

榮格對於同一性的先驗觀念被**兩極**理論保存下來。這樣的同一性支撐了我們所認知的兩極（Hillman, 1979）。

榮格也使用這個術語來總結他對心靈與物質之終極連結的推論結果（參見 psychic reality **心靈現實**；psychoid unconscious **類心靈潛意識**；synchronicity **共時性**；*unus mundus* **一體世界**）。

意象
image

　　雖然能指出榮格定義**象徵**的時間與背景，但要想描述他對意象的想法演變過程就不太容易了。從象徵的討論到專注於意象，這樣的進展過程是分析心理學在後榮格時代的現象（參見 Samuels, 1985a）。但仔細閱讀榮格的著作，會發現他似乎支持這樣的定義：不論是個人的還是集體的，**意象**作為象徵所嵌入的背景，它包含或擴大了**象徵**。

　　榮格畢生的工作及其論著似乎都被某些心靈構造給主導，他**繞行**這些心靈構造，不斷深入與清晰地看著它們，這使榮格能夠充實或塑造出其基本形式。因此，儘管他在專業生涯中混用了象徵與意象兩個詞彙，使之幾乎成為可以相互替換的同義詞，但長遠來看，他所設想的意象顯然同時優先，也大於其象徵各部件的總和。用他的話來說：「意象是**作為整體心靈境況濃縮後的表達**，它不僅，或甚至也不主要是單純的潛意識內容。」（CW6, para. 745）

　　榮格對意象的瞭解隨其人生階段的不同而有所改變。一開始，他將其構想成一種概念，意象被經驗為伙伴式的心靈存在。他最有力且最能加以驗證的發現，是心靈自身並不以科學的方式前進，也就是說，它不會藉由假設與模式，而是採用意象式的途徑，亦即藉由**神話**及**隱喻**。然而，榮格也這麼談過意象：

它（意象）無疑表達了潛意識的內容，但並非整體，而只有暫時聚集的那部分。這些聚集在一起的部分，一方面是**潛意識**自發性活動的結果；另一方面則是由於當時短暫的意識情況……因此，對其意義的**闡釋**就不能僅從意識或潛意識方面下手，只能由兩者的**互動關係**下手（同上，異體字為英文作者所加）。

這突出了情緒與**情感**之於意象的地位。然而，若從因果論、理論性或科學的觀點來看，意象被假定是客觀的，但從其本質來看，它也有高度的主觀性（參見 reductive and synthetic methods **還原與合成法**）。由於意象是兩極的**容器**，因此恰與作為兩極調節者的象徵成對比。意象並不附著於任何位置，但它的元素卻可在任一極中找到。舉例來說，**阿尼瑪**的意象就同時是內在且外在的體驗；「母親」或「女王」等意象也是如此。**分析**工作就包含為了兩極重新統一而準備的分化過程，它們將成為更新過且更加意識化的意象之一部分而存在。也就是說，更加真實的生活同樣也是心理的生活。

意象總是個人對被感知的與可感知的、被理解的與可理解的整體性（totality）所做出的表達。然而，特別是在榮格的晚年，他卻描繪了原型意象與**原型**自身兩者的差異。實際上，正是意象擾動了觀察者（例如作夢者），這某種程度上使他能體現或實現（將其意識化）所感知到的東西。根據榮格的說法，意象天生具有某種生產的能力，它的功能是去喚起；它在心靈中是引人入勝的。

　　總結說來，意象具有能產生其相似物的便利性，意象朝向其實現的運動是發生在我們個人身上的心靈歷程。我們同時從外部觀察它，也在這場戲劇裡扮演或擔任某個受苦的角色。榮格寫道：「這是一件心靈的事實，**幻想**正在發生，作為心靈的實體，它跟你一樣地真實。如果帶著你的反應進入幻想的重要操作未能進行，則所有改變都只能留給流動的意象，而你本人依舊什麼都改變不了。」（CW14, para. 753）心理生活所要強調的，是對意象做出主觀反應的需要，從而建立一段關係、一場對話、一份參與，或折衷讓步，而這最終將導致**合化**，這對個人與意象雙方都會帶來影響（參見 active imagination **積極想像**；ego **自我**；transcendent function **超越功能**）。這種關係以對同理、關連性與**厄洛斯**的強調為象徵，是當代分析心理學家所關注的焦點。

　　儘管個人的象徵得到了許多關注，希爾曼（Hillman, 1975）仍試圖澄清意象的概念。伊斯蘭學者柯爾賓（Colbin, 1983）曾對個人與意象之間的適當關係如此表達過：「意象打開了通往超越它自身，且朝向其所象徵事物的道路。」為了證實這一點，我們引用榮格的說法：「當意識心智積極參與且體驗過程中每個階段，或至少直覺式地理解它時，那麼，下個意象就會由先前已通過並發展出目的性的更高階段開始。」（CW7, para. 386）參見 imago **意像**；psychic reality **心靈現實**；teleological point of view **目的論的觀點**。

意像
imago

榮格在 1911 至 1912 年間引介了這個術語（CW5），並被精神分析所採用。當「意像」替代「意象」的時候，是為了強調以下事實，亦即該意象是主觀產生的，特別是有關他人的意象（譯者註：意指此時會使用 imago／意像一詞來加以強調）。也就是說，客體是根據主體的內在狀態與動力而被感知到的。此外尤值一提的是，許多意象（以父母親為例）並非從個人對父母的特定性格而來，而是基於潛意識幻想或源於**原型**的活動（參見 complex **情結**；fantasy **幻想**；God-image **上帝意象**；Great Mother **大母神**；image **意象**；symbol **象徵**）。

亂倫
incest

和佛洛伊德不同的是，榮格並未以字面義來看待亂倫衝動，儘管他難免會評論孩童表達亂倫衝動的實際方式（收錄於《全集》第十七卷《一個孩子的心靈衝突》〔*Psychic conflicts in a child*〕）。然而，他將亂倫**幻想**看成通往心理成長之路與發展的複雜**隱喻**（參見 acting out **行動化**；enactment **行動展現**）。他的想法同時應用與擴展了人類學家暨分析師萊雅德（Layard, 1945, 1949）的工作。

　　榮格的觀點是當孩童體驗到亂倫感受或幻想時，他或她可能會被視為在潛意識層面，企圖透過與父母的親密情感接觸為其人格增添豐富的體驗（參見 teleological point of view **目的論的觀點**）。亂倫衝動的性慾方面會確保此接觸深刻且有意義——因此性慾的感受不能被忽略。然而，亂倫禁忌防範了生理上的表達，且有它自身的心理學目的（參見下文）。

　　當某個成人以亂倫的方式退行時，他可被視為企圖為自己重新充電，使他能獲得精神與心理上的再生。因此，**退行**的價值遠高於僅作為一種**自我**防衛的方式。對成人來說，亂倫的退行不一定需要朝向特定的人物或**意象**，儘管它時常發生（好比突然地「迷戀」）。一個人發現自己正處於退行狀態的訊號是：寧靜的、漂浮的、如作夢一般的及合一感受。這是研究藝術家創作過程的人都會注意到的神祕狀態或創意遐想。

　　成人自我行為的暫時性放棄會帶來一次精神充沛、與內在世界及存在根基的全新遭遇。對孩子來說（或對他人有亂倫式固著的成人來說），性慾的元素是進入此狀態的象徵，也是其獎賞。若反思其象徵意義，會發現兩具可能從事性行為的身體代表了心靈中尚未整合好的不同部分。性交標示著整合，而由此行為誕生的嬰兒則象徵成長與再生（參見 alchemy **煉金術**；symbol **象徵**）。

　　亂倫的退行有時也會成為對不同種類之合一感的追尋，亦即透過權力和控制他人而獲得合一感。榮格強調，這對脫離與父母親的融合狀態非常重要（參見 identity **同一性**；*participation mystique* **神祕參**

與）這是尋常的發展任務，對成人來說，同時也是與成年現實的必要對抗。幸運的是，合一感狀態也有缺點，它可能會讓人有被吞噬和永無休止的危險感覺（參見 death instinct **死亡本能**；Great Mother **大母神**）。

　　榮格是從男人的角度，根據與母親的亂倫糾纏或退行的觀點去發展這些想法的。沒有理由這個模式不能加以應用在父女關係中。對女孩子而言，這意味著她必須體驗與父親之間帶著情慾調性的深層連結。對成年女性來說，她的體驗可能會採取一種父親的退行形式。但如果這象徵性的情慾關係沒有發生呢？那麼父親就無法啟蒙他的女兒，使她進入更深的心理之中，因為她與她的父親太過疏遠，以致於父女關係無法對她產生重要影響（參見 initiation **啟蒙**）。

　　父親與女兒之間實在差異太大了；他不僅是男性而且還是不同世代的人（參見 opposites **兩極**）。這給了他刺激女兒人格去擴展與深化的潛力。但他和女兒也是同個家庭的一份子，這點讓他在以身體來行動化其亂倫衝動時是「安全」的。然而，家人與愛的連結鼓勵他在女兒的成熟過程中增進情感的探索，然而父女之間的結合則被禁止。

　　當這些互動的象徵性本質被忽視時，就會導致實際的亂倫案例發生，這可能是源於父親本人未加處理的亂倫需求（譯註：佛洛伊德認為亂倫的發生未必是真實，而是源於女兒的潛意識想像）。但父母親的情慾撤離或冷漠以待，也會對孩子的心性發展帶來同樣的傷害。對女孩來說這個問題似乎大過男孩。母親已經經驗到且習慣和

孩子之間親密的身體接觸以及伴隨而來的興奮感。但父親可能會覺得這類與女兒的經驗難以承受而壓抑這份情慾，這會顯現在嘲弄女兒的性慾或對其設立過於嚴格的界線上。當中可能也有更大的文化抑制在影響此事，例如男人總是被禁止表達情感。

亂倫禁忌被榮格賦予了更特別的心理價值和功能。這是在他承認亂倫禁忌對維持健康**社會**之角色的額外補充——婚姻關係必須在指定的家庭之外建立，否則**文化**本身就會停滯或退化。但把亂倫禁忌視為由文化適應的或**超我**的抑制為了對抗「天生的」亂倫衝動所造成的，這點並不正確。亂倫衝動和亂倫禁忌是天生一對。僅回應禁忌卻忽略衝動，正暗示著我們基於挫折而去抬升追捧意識，會將帶來虛假且枯竭的理性。反過來說，表現衝動卻忽略禁忌將導致父母對短暫愉悅的關注以及對脆弱孩童的剝削。然而在亂倫的案例中，孩童也可能藉由自己與有力人物之間的特殊關係而獲益。

我們可以補充一點：亂倫禁忌的功能之一是強迫個體考慮誰能夠或不能夠成為婚配對象。因此他必須將某個可能的配偶視為獨立的個體。當選擇受限時，剩餘的選項就被突出了（即使在安排式婚姻的系統中這點也是真的）。根據這樣的思考，亂倫禁忌強化了我－你的關聯（R. Stein, 1974）。

在**分析**中，**分析師與病人**之間會感受到彼此的性吸引力，這樣的例子屢見不鮮。對於亂倫幻想的心理學層面，榮格的想法是理解伊底帕斯動力論的補充，他強調亂倫感受的象徵性層面，這使將之行動化所致的傷害可能性得以降低。但他的目標並非用以支持分析

師，使之能堅守禁欲的規則。因為被鎖在這看似嬰兒期性慾心智狀態中的，可能是重要心理發展的源頭。

參見 energy **能量**；psychoanalysis **精神分析**。

個體化／自性化
individuation

一個人不斷成為完整且不可分割的自己，並區別於他人或集體心理的歷程（儘管也與這些事物保持聯繫）。

這是榮格對人格發展理論所做貢獻中的關鍵概念。因此，它與其他概念彼此交織，尤其是**自性**、**自我**與**原型**，以及**意識**與**潛意識**元素的合成。那些最重要的概念，其間的關係可以用如下方式簡單表達成：自我相對於**整合**（從社會層面來看即是**調適**），猶如自性相對於個體化（自性體驗與自性實現）。當意識隨著對防衛的分析而增加時（例如對**陰影**的**投射**），個體化的過程是對作為人格中心的自性所進行的**繞行**，並在此過程中逐漸變得統一。易言之，不論是他或她，都會更加意識到自己既是獨特的人，也是再普通不過的男人或女人。

由於這個天生的矛盾，對此術語的定義充斥在榮格的著作以及後榮格學派的論述之中（Samuels, 1985a）。個體化一詞是榮格從哲學家叔本華（Schopenhauer）那裡取來用的，但這個術語可以回溯到十六世紀的煉金術士蓋拉得・多恩（Gerald Dorn）。他們兩人都提到了個

體化原則。榮格將此原則應用在心理學。寫於 1913 年，出版於 1921 年的《心理類型》(*Psychological Types*) 一書中，我們找到了首度公布的定義 (CW6, paras 757-762)。其所強調的特徵是：(1) 個體化的目標是人格的發展；(2) 它預設且包含了**集體**的關係，亦即它不會在隔絕疏離的狀態下發生；(3) 個體化某種程度上包含了對沒有絕對效力之社會規範的反對：「一個人的生活越是被集體規範所塑造，他個人的不道德程度就越高。」(同上) 參見 morality **道德**。

個體化的統一層面被其字源學所強調。「我用『個體化』這個術語來表示一個人成為『獨立分離之個體』的歷程，那是分離、不可分割的統一體或整體。」(CW9i, para. 490) 榮格在不同背景下所描述的現象和其自身經歷、他與病人的工作，以及他的研究，特別是煉金術和煉金術士心智的研究有緊密關連。對個體化的定義或描述中，所強調的重點因此根據榮格當時接觸的資料來源而有不同。

在很後期的著作中 (CW8, para. 432)，他曾提到要堅持區分整合與個體化之間的差異有明顯的困難：「我一次又一次地注意到個體化歷程與自我進入意識的過程被混淆了，結果導致自我和自性被同一化，這自然產生了絕望的困惑。個體化因此變得不過是自我中心以及自體性慾 (auto-eroticism) 而已……個體化並不會自外於世界，而是將世界聚集到己身。」很明顯地，要想描述個體化的表現，就得去說他們不是什麼，這點相當重要 (提供讀者自體性慾的參考，它便是**自戀**)。他再次說明：「**個人主義**意味著去強化描摹並突出某些特殊性的地位，而非集體的考量與責任。但**個體化**卻恰好意味著更好且更

完整地去實現集體的品質。」（CW7, para. 267，異體字為英文作者所加。）或者「個體化的目標不過是一方面除去包裹在自性外面虛假的**人格面具**，另一方面除去原始意象的暗示性力量。」（CW7, para. 269）參見 archetype **原型**。

我們知道榮格開始繪製**曼陀羅**的時間大約是 1916 年，當時他正處於人生的風暴期，他剛與佛洛伊德決裂不久。在整部《榮格全集》的第九卷上篇裡，有一整章被命名為〈個體化歷程之研究〉（*A Study in the Process of Individuation*），該章是基於一個案例研究而寫成的，病人的**繪畫**在此章內容扮演重要角色。一點都不令人意外的是，榮格的內傾性格與其早年對內在心靈素材的強調，會帶給人在個體化歷程中，體驗內在心靈世界比經營人際關係來得重要的印象。榮格進一步在〈彌撒中的轉化象徵〉（*Transformation symbolism in the mass*, CW11）描繪了基督的個體化，但這篇文章及其內容中提到的個體化並不適用於每個人的論述，或許因而導致了個體化是菁英份子的想法。

由於榮格表示個體化歷程相對少見，因此也不經意地強化了這個誤解。儘管選擇戲劇性的案例可以更輕易地說明此歷程，但它其實很常在不顯眼的情況下發生。轉化可能會由自然事件（例如出生或死亡），或者有時是技術過程所帶來。在我們這個時代，分析的辯證式過程提供了一個絕佳的例子，也就是分析師不再是轉化的中介，而更是共同參與歷程的同件。這麼一來，適當地處理移情可能更為重要（參見 analyst and patient **分析師與病人**）。

　　強烈投注於內在世界及其誘人意象的危險之一，就是它可能會導致自戀。另一項危險是把所有表現，包括反社會活動甚至是精神崩潰，都當成是個體化歷程中可接受的結果。由於移情在分析中扮演了決定性的角色，因此需要特別補充，用煉金術的語言來說，個體化是對抗自然的偉業（ *opus contra naturam* ）。也就是說，我們不能屈從於亂倫或親屬的力比多（ kinship libido ）。另一方面，它也不能被低估輕視，因為它是核心的驅動力。

　　至於個體化的方法論，個體化既不能被分析師誘導發生，當然也無法因其要求而發生。分析僅僅是為此歷程創造出有益的環境：個體化不是由某個正確的技術所帶來的結果。因此，那意味著分析師對個體化的認識不能僅透過對它的粗淺瞭解，而必須經由分析師的個人體驗才行。這是為了對病人潛意識產物的可能意義抱持開放的心態，包括身體症狀、**夢、幻象**或繪畫等等（參見 active imagination **積極想像**）。我們也可以像榮格曾明確做過的那樣去談論個體化的精神病理學（例子可參見 CW9i, para. 290）。個體化過程中常見的危險，一方面是**膨脹**（輕度躁狂），另一方面是**憂鬱**。思覺失調式的崩潰也很常見。

　　榮格指出，精神病的念頭與神經症的內容不同，前者不能被整合（CW9i, para. 495）。它們無法接近，且可能會淹沒自我；其本質就是一種阻礙。可以想見的是，人格的核心（自性）是透過念頭與意象來表達，從此意義而言，它是「精神病的」。個體化被認為是無法逃避的問題，而分析師除了鼓起耐心與同情來陪伴病人之外，其餘能

做的事不多。不同案例的結果也難以確定。個體化最多是一個潛在的目標，將其理想化比起將其實現來得容易得多。

凡是有中心和圓（通常會被方形框住）出現的地方，曼陀羅與夢都會指向自性的象徵意義。而榮格的作品中曾記錄描繪許多自性的象徵，它會發生於個體化歷程，「成為意識審查的對象，或集體潛意識在意識心智之中住滿原型人物之處，一如**精神病**的情況。」（CW16, para. 474）自性的象徵有時和神等同（東西方皆是如此），而個體化歷程則有宗教的涵意，就如某些精神病的內容也具有宗教涵意一樣，儘管其中的區別非常細微。某一次，榮格這樣回答這個問題：「**個體化是神的內在生命**，如同曼陀羅心理學清楚顯示的那樣。」（CW18, para. 1624，異體字為英文作者所加。）

分析與婚姻所具有的人際本質是可用以進行個體化工作的具體例子。很明顯地，兩者都需要奉獻，同時也都是艱鉅的旅程。有些分析師會把雙方的心理類型視為最關鍵的重要因素並加以考慮（參見 typology **類型學**）。無疑地，其他類型的人際關係也多少結合了對內在病理事件的有意識觀察，這同樣可促進個體化。自從榮格寫道，個體化屬於人生下半場之後，最重要的理論發展則是將此術語延伸至人生的開端（Fordham, 1969）。

一個尚未回答的問題是，整合是否必須先於個體化而發生。很明顯地，當自我強壯（整合程度高）到可以忍受個體化突然爆發，而非安靜進入人格之中時，個體化的成功機會更大。那些無疑已走向自我實現的偉大藝術家（例如莫扎特、梵谷、高更），有時似乎仍保

留著嬰兒期性格的組成，以及／或者精神病的特質。他們個體化了嗎？按照他們已和自身人格結合的完美天賦，這答案是肯定的；但若按照個人的完成性（completeness）與關係而言，答案則可能是否定的。

關於個體化還有最後一個問題，那就是關係到每一次深入的分析以及社會整體的問題：如果僅有極少數人走向了這趟艱難的旅程，這對其餘的人類來說，會帶來什麼差別嗎？榮格的回答是肯定的，分析師不僅是為了病人工作，同時也為他自身靈魂的益處而工作，他還補充道：「雖然這份貢獻是如此微小而不可見，但卻是偉大的事業……**心理治療**的終極問題不是一件私事，它們代表無上的責任。」（CW16, para. 449）

嬰兒期與童年
infancy and childhood

榮格對整理他在嬰兒期與童年的想法保持沉默之因，或許是出於他不願意進入已被佛洛伊德標誌為個人研究的領域。榮格表明，他的興趣是人的後半生。他也對如何平衡還原與合成法表示關切（參見 reductive and synthetic methods **還原與合成法**）。然而，我們還是可以從中辨識出連貫的取向。

　　榮格的觀點圍繞著一個中心問題：我們把小孩看成是父母親心理的延伸並屈從於他們的影響力，還是更傾向於將其視為自一開始就擁有可辨識的自身性格與內在心靈組織的個體呢？有時候，榮格在這件事情上也很矛盾，但他的猶豫也有好處，那就是一方面似乎是「真實」父母的形象，另一方面也是由**原型**與經驗互動下所建構的意象，這兩者間的張力因此被強調了。因為，雖然父母的性格與生活經驗對正在發展中的孩童毋庸置疑地相當重要，但父母也「不全然是『父母』」，而是父母意象：他們是源於父母特質與孩子個人天生氣質兩相結合之後的表現。」（CW5, para. 505）參見 imago **意像**。

　　這對**分析**的意義是，不論內在或外在，嬰兒期的所有事件都可以視為是「真實的」，不需要過度關切材料本身是否為事實（參見 psychic reality **心靈現實**）。

　　能在今日以可辨認的術語講出母嬰關係至關重要的人物，榮格就是其一。這必須和佛洛伊德對伊底帕斯三角的堅持相比較，他認為那會為對個體日後關係模式中的氛圍與變遷產生影響。榮格在1927 年寫道：「母嬰關係無疑是我們所知的關係中最深且最動人的一種……它是人類物種的絕對經驗，一個活著的事實……這關係有天生……且非比尋常的壓力，從而本能地迫使孩子固執地依偎著他的母親。」（CW8, para. 723）

　　對於孩子與母親的關係，榮格強調以下三點：首先，在其邁向成熟的全部過程中，都會有對母親或對母親**意象**的**退行**；其次，與

母親的分離是一場辛苦的奮鬥（參見 hero **英雄**）；第三，滋養至關重要（參見 object relations **客體關係**）。

關於母嬰關係的精神病理學，榮格描述了原型期望未被滿足後的結果。如果個人的經驗不符合期望，那麼嬰兒就會被迫嘗試去聯繫支持此期望的原型結構，試著僅以原型意象來生活。**病理學**亦是源於人們僅只體驗了正／負極中的其中一方可能性，並由此得到的確認。因此，如果壞的經驗在嬰兒期中壓過了好的經驗，那麼「壞母親」極就會在期望的範圍內被啟動，且沒有可與之抗衡的力量。同樣地，在母嬰關係中的理想化意象會導致只有「好」的那一面在整個光譜中被經驗到，這會使個體無法向失望及現實生活妥協（參見 paranoid-schizoid position **妄想－分裂心理位置**）。

至於父親，榮格的論著出現了如下主題：(1) 父親作為母親的對立極，體現了不同的價值觀與屬性。(2) 父親作為「令人鼓舞的精神」(informing spirit)（CW5, para. 70），是精神原則的代表，以及父神的個人對應者。參見 gender **性別**；Logos **邏各斯**；sex **性**。(3) 父親作為兒子**人格面具**的楷模。(4) 父親作為兒子必須要與之分化的對象。(5) 父親作為女兒的第一個「愛人」與阿尼姆斯意象（參見 anima and animus **阿尼瑪與阿尼姆斯**；incest **亂倫**）。(6) 父親作為出現在分析中的移情人物（參見 analyst and patient **分析師與病人**）。

原初場景也可被看成是實證與象徵的結合。孩子對其父母婚姻與雙方相互態度的內化會影響他日後在成人關係的經驗。但是從象徵的視角來看，他對於父母婚姻所發展出的意象，也同樣是他內在

世界境況的表徵——父母代表他內在的兩極或相衝突的傾向（參見 opposites **兩極**；symbol **象徵**）。

榮格對於**個體化**的想法已被應用在嬰兒期上，強化了個體化作為終身歷程的觀點（Fordham, 1969, 1976）。在兩歲行將結束前，所有的基本要素都到齊了，包括兩極已被聚集在一起，例如好母親與壞母親意象；象徵已在遊戲中使用；**道德**的雛形已在運作；孩子已將自己與他人區分開來（參見 depressive position **憂鬱心理位置**）。

情結的概念將嬰兒期與童年的事件與成年生活連結了起來。

在分析中，嬰兒或孩童的意象可被視為潛意識潛能的顯現（參見 initiation **啟蒙**）。

劣勢功能
inferior function

參見 typology **類型學**。

膨脹
inflation

指對集體心靈有程度不一的**認同**。它起因於潛意識原型內容的入侵，或源於意識的擴展（參見 archetype **原型**；possession **佔據**）。它會讓人感到迷失，並伴隨巨大的權力欲與獨特感，或無價值感與自覺一文不值。前者代表輕躁狂狀態；後者則代表憂鬱狀態。

榮格寫道：「膨脹是意識往潛意識的退行。當意識攜帶太多潛意識內容在身上而失去區分能力時最容易發生。」（CW12, para. 563）（譯註：原書此段引文有誤，今依《全集》修改。）原型內容「以原始的力量攫住心靈並迫使其違反人性的界線。結果是產生自大的態度、自由意志的喪失、**妄想**以及對善惡的同等熱情。」（CW7, para. 110）他補充道，當**自我**膨脹到將自己等同於**自性**時永遠是危險的。這是一種狂妄自大的形式，因為人與**上帝意象**之間再也無法**分化**，從而使個體化無法發生。

啟蒙
initiation

當人敢於以行動和自然的本能對抗，並允許自己被推向**意識**時，啟蒙就會發生。從遠古時代起，啟蒙儀式就被設計用以並行於重要的生命過渡階段及預作準備，它包含身體和精神層面。舉例來

說，青春期就是個例子（參見 ritual **儀式**）。此類儀式的複雜性意味著當心理**能量**要從原有的習慣中轉移到新的且不熟悉的活動時，儀式容器的廣度與深度是必要的。被啟蒙者會發生本體上的改變，之後也會以可被辨識出的改變反映於外在狀態中。讓我們再次以青春期為例，男孩變成男人，接管或搬出他父親的房子。很重要的是，人不是在知識上而是在神祕的層次上被啟蒙的，而在後者中所獲得的知識則可用「真知」（gnosis）來加以命名。

所有的啟蒙都包含不適當狀態的死亡以及更新後、較適當狀態的**重生**（亦即 transformation **轉化**）；因此，儀式同時是神祕的也是恐怖的，因為一個人會被帶去與**上帝意象**或**自性**的聖祕性面對面，同時又會被**潛意識**驅策往**意識**前進（參見 numinosum **靈啟**）。**犧牲**包含在此過程中，而正是這個犧牲而非煎熬或折磨才導致苦難發生。儀式因此預示了一種邊緣或過渡狀態，對應暫時性的**自我**喪失。因此故，被啟蒙者必須有某個人的陪伴，例如祭司、導師，或某種神力人格，他要能夠承受被啟蒙者所投射的**移情**，而那移情是被啟蒙者將要成為的模樣；儘管一開始，投射出的內容會採取不讓被啟蒙者成為那個模樣的形式。被啟蒙者與啟蒙者的關係是象徵性的。在啟蒙的過程中，**兩極**重新組合，以及某種包含了精神與物質的**合化**，將會在個體身上發生。

啟蒙對心理生活及所有的外在儀式來說都相當重要，後者是為了確認改變與成長的先天心理模式。儀式或典禮僅僅保障了個人或

社會在深層與普遍的變化發生時不至於解體。因此，榮格這麼寫也就不令人意外了：

> 在分析中所發生的潛意識轉化使分析自然地近似於宗教的啟蒙儀式，然而，使後者與自然的啟蒙過程原則相異的地方，在於宗教會預期發展的自然歷程，並將自發產生的象徵替換成一系列由傳統預先精心挑選過的象徵。（CW11, para. 854）參見 psychotherapy **精神分析**。

同樣不令人意外的，是當榮格宣稱「西方至今仍存在且還在運作的唯一『啟蒙過程』，就是為了治療目的而由醫師進行的對潛意識的分析。」（CW11, para. 842）參見 psychotherapy **心理治療**。

啟蒙對許多第一代的分析心理學家來說是一種潛在的意象，或許是這個緣故，心理取向與教條取向的對立因此變得明顯。逐漸地，對啟蒙這個由潛意識所表明，同時又是不可預測且無法預見之過程的依賴，讓位給了對**分析**階段的概述，對個體化歷程各階段的勾勒，以及分配給分析師訓練的層級（參見 analytical psychology **分析心理學**）。

榮格死後，人類學家與比較宗教學的學者，榮格的密友與前同事伊里亞德（Eliade, 1968）接續了這項工作，繼續研究心理學、人類學與比較宗教學間的對比。榮格曾呼籲人們關注啟蒙連接著**療癒**這項事實；亦即當某個心理定位失效且不被允許轉變的時候，它就

會腐壞感染整個心靈器官。關於啟蒙及其純粹的心理功能，亨德森（Henderson, 1967）、桑德納（Sandner, 1979）、米克藍（Miklem, 1980）與克許（Kirsch, 1982）皆有相關論述可供參考。

本能
instinct

參見 archetype **原型**；death instinct **死亡本能**；life instinct **生命本能**；transformation **轉化**。

整合
integration

榮格會以三種方式使用此術語：

（1）作為對個體心理情況的描述（甚或是診斷）。這意味著檢驗**意識**與**潛意識**、人格中的男性與女性組成（參見 anima and anumus **阿尼瑪與阿尼姆斯**；syzygy **互補對立體**）、各種成對的**兩極**、**自我**相對於**陰影**所佔據的位置，以及功能與意識態度之間的運動（參見 typology **類型學**）。就診斷而言，整合與**解離**相反（參見 projection **投射**）。

（2）作為**個體化**的子歷程，大致類似「心理健康」或「成熟」。也就是說，整合作為歷程，意味著個體化的基礎，但不帶有後者術語中所隱含對獨特性與自我實現的尖銳強調。整合也會導向源於人格不同面向齊聚在一起時所得到的**完整性**意義。

（3）作為發展的一個階段，傳統上指的是人生後半段，在此階段中，上述第 1 階段的不同動力會達成某種平衡（抑或是衝突與壓力的理想水準）。參見 compensation **補償**；stages of life **生命階段**。

闡釋
interpretation

意指以一種語言清楚說明另一種語言所表達之事物的行動。所有的翻譯者都很清楚，不論將另一種文化、生活方式、價值觀、時間與節奏表達得多清楚，要想解釋另一種語言的細微之處仍舊很困難。而當翻譯者試著想要翻譯起源、意義與目的的心理表達時就更晦澀難辨了。然而這正是醫師、精神病學家、分析師或其他心理治療師企圖做的，因為**夢、幻象**與**幻想**都是模糊的**隱喻**。它們藉由意象來溝通，以象徵的語言來表達（參見 image **意象**；symbol **象徵**）。

儘管榮格的多數工作都是闡釋性的，但榮格對闡釋技術的直接評論卻非常少。在具體提及他的釋夢法時，會見到以下幾點：

（1）闡釋應為意識帶來某些新觀點，既非對舊觀點的重申也不是對人說教。只有在它揭露了陌生、意外或難解的內容時，闡釋才算合理指出了夢歷程的補償性心理意圖（參見 compensation **補償**）。

（2）闡釋必須考量作夢者生活中的個人背景以及心理自傳的經驗。這些內容以及社會環境的影響（有時被稱為集體意識）是藉由**聯想**的歷程來蒐集（參見 collective **集體**）。

（3）同樣地，夢的象徵性內容可藉由與傳統文化、歷史及神話母題間的比較來強化。這會擴大夢的個人背景，並產生與「集體潛意識」的聯繫。要做這樣的比較，就要使用包含**擴大法**這項辛苦工作（參見 fairy tales **童話**；myth **神話**；unconscious **潛意識**）。

（4）闡釋者被榮格告誡要「緊跟著夢的意象」，盡可能待在夢境內容的身邊。聯想與擴大法被視為能使原始意象更生動、可觸及，也更有意義的方法。然而，夢的意象仍舊屬於作夢者本身，也必須指涉他個人的心理生活。

（5）闡釋的終極測試是它是否「有效」，例如：是否能促使作夢者的**意識**態度發生轉變。

在夢的研討會上（1928至1930年，於1984年出版），榮格談到了闡釋的兩種層次，他命名為主觀層次與客觀層次。這些術語令人疑惑。他對「主觀」的意思是「深度」或個人內在心靈改變的層次。而他所使用的「客觀」一詞，則意味著表淺層次，即將其應用於真實發生的現實世界，亦即個人居住且受其影響的世界。榮格斷言多數的夢都可以由上述任一層次進行闡釋，儘管某些夢已經清楚提及了其中一種層次。

病人需要知道如何與象徵性的內容相聯繫，但術語對他們的幫助不大，也不能期待病人能跟循心理治療師的理論路徑。為了分析心靈與原型的現象，治療師需要從心理學上解釋這些材料。然而，如果他在闡釋的深度上進行得太過清晰與快速，就會有讓個體在此歷程中無法進行潛在參與的危險。被原型形象的聖祕性所吸引，或

被治療師的專業所打動，會讓病人被誘使去解釋而非嚴肅對待整合潛意識內容的需要（參見上述第 5 點）。他對意象的理解可能一直保持在純理的層次，且不帶任何個人或心理上的聯繫。他與自身的內在歷程因此無法建立辯證性的關係。而闡釋的功能就是去培育和維持這樣的對話關係。

內攝
introjection

投射的對反；將經驗加以內化的企圖。比起投射，榮格提到內攝的頻率很低。這也許有類型學的理由（參見 typology **類型學**）。作為內傾者，榮格會將**力比多**運用於他的內在世界中。為了與外在世界相遇，變得有生命力，他需要將力比多投射出去。（而外傾者則會將其力比多運用於外在世界，因此他必須將力比多內攝進來以照亮內在世界。）

在運用同理的方法上，榮格對內攝的使用明顯多於投射。同理被描述為將他人的人格或情況容納進自身之中，而非將個人的自我投射出去，例如投射進他人的**心靈**裡。

內傾
introversion

參見 typology **類型學**。

力比多／欲力
libido

參見 energy **能量**；incest **亂倫**；psychoanalysis **精神分析**。

生命本能
life instinct

當榮格寫到生命本能的時候，他總是將之與**死亡本能**連結。這是因為他的興趣是進化與退行的力量在**心靈**中彼此交纏的方式。舉例來說，死亡的象徵與意象可以藉由它們對生命的重要性與意義來理解，而生命的體驗與意義則需要藉由導向死亡才能解釋。總結榮格的觀點看來，生命被視為對死亡的一種準備，而死亡則被視為生命不可缺少的一部分（參見 individuation **個體化**；initiation **啟蒙**；rebirth **重生**）。

　　榮格在使用「生命本能」一詞時不像佛洛伊德那樣精確。他不太強調自我保存本能與性慾之間的張力。(榮格的生命本能更易讓人想起佛洛伊德的「厄洛斯」,亦即基於對人類下列傾向的廣泛觀察:蒐集、鞏固、統一以及進步等。)然而,榮格對生命本能的引用指涉了更廣的一般性生命**能量**,一種生命衝動,或者活潑的生氣。然而這導致了概念上的問題;因為如果能量等同於生命本能,同時又可補充死亡本能的燃料,那麼結論就一定會是生命本能即是死亡本能的燃料。原先的二元論就會被以生命本能為主的模型給取代。為了避免此事發生,榮格經常會回到能量是中性的觀點,它同時為生命本能與死亡本能服務,而這兩種本能也因此被視為是為心靈以及／或者人類服務的(參見 Eros **厄洛斯**)。

邏各斯
Logos

　　一個被界定為「文字」或「理性」的希臘文。這個術語同時用於古代異教與猶太教中,早期的基督教著作也會出現。古希臘哲學家赫拉克李特(Heraclitus)將「邏各斯」構想成掌管世界的普世理性,榮格似乎在此意義上加以採用並應用。然而,我們必須謹記的是,該詞指涉的是一種原則,而非擁有**上帝意象**的狀態,也不是原型的隱喻(參見 archetype **原型**)。邏各斯是「本質上的理性」,是在個體生活中尋求表達的超越性理念。因此,每個人都有他自身的,

將他與最終意義相聯繫的邏各斯（參見 individuation **個體化**）。

作為一種原則，榮格在提及邏各斯時稱之為一種精神，而非物質，並將之歸為男性特質。他使用判斷、區分與洞察這樣的字詞作為邏各斯的同義詞，以此區別對應女性原則的厄洛斯，他使用諸如愛、親密、關聯性等詞來描述厄洛斯。邏各斯與厄洛斯被置於同一組**兩極**之中，而根據**物極必反**法則，過度依賴單一原則將會使其對立極聚集起來。因此採取嚴格防衛的邏各斯立場的男人，將會被其潛意識中的阿尼瑪意象所觸發的對應心靈原則給包圍（參見 anima and animus **阿尼瑪與阿尼姆斯**；compensation **補償**）。邏各斯包含的理念包括：普世性、精神的孕育、清晰與理性。因此它可能會等同於阿尼姆斯。這些都與阿尼瑪這個充滿個人混淆的情感與使人困惑的特質相反。然而兩者都推動著人類的行為（參見 psychopomp **引路神**）。

榮格承認，邏各斯就像厄洛斯一樣，是一個可能無法被正確界定或實證觀察到的概念。從科學的角度來說，他發現這很令人遺憾，但是，從實務的角度來說，將經驗領域予以概念化則是必要的。他說他原先想要使用煉金術士使用過的名字，例如太陽神索爾（Sol）和月神露娜（Luna），來為邏各斯與厄洛斯的意象命名，藉此擬人化這些抽象概念。但他也承認，使用這些意象需要一個警醒且活生生的**幻想**，而這與那些必須永保理智的人並不相稱。**意象**更為飽滿，但它無法被心智單獨理解。對此，榮格寫道：「概念是被鑄造出來的，它的價值可被商討；但意象卻是生命。」（CW14, para. 226）

對那些發現邏各斯（與厄洛斯）的概念太過明確且整齊的人來說，將它們視為是總結了活生生意象的術語，可能更有幫助。邏各斯除了在榮格定義中等同男性之外，也在文化上等同於男人、丈夫、兄弟、兒子與父親。榮格尤其將父親視為能對女兒的心智與精神施加一種經常是潛意識的影響力。他感覺這有時會使她對理性的依賴達到病態的程度，而榮格本人與他的妻子（1957）都將此狀況描述為「阿尼姆斯的**佔據**」。

榮格對當邏各斯支配了集體後會發生什麼事，做了很確切的觀察（參見 collective **集體**）。他的觀點是，父性原則邏各斯，掙扎著要擺脫子宮的原始溫暖與黑暗，但敢於掙脫的精神無疑要承受對父家長**意識**過分強調所帶來的壞處。然而，沒有任何事物可以在缺乏對立面的狀態下存在，因此，意識不能在缺乏潛意識的狀態下存在，而邏各斯同樣也無法在缺乏其補償的對應方（亦即厄洛斯）的狀態下存在。他的觀察被同時應用在父權位置的捍衛者以及女性解放運動的倡導者雙方。

從另一方面來說，榮格則將邏各斯定義為「思想與詞語的動力」（CW9ii, para. 293）。摒棄男性或女性互補的見解，改從這點來看，或許更容易將厄洛斯概念化。榮格警告我們，過分看重那能帶給受造物力量的東西，以及過分看輕受造物本身，都是很危險的。此處他見到了理性時代的問題。

參見 syzygy **互補對立體**。

失魂落魄
loss of soul

　　自一開始就威脅著一個人的非自然、神經質的精神病理狀態；是與個人心理生活關係的隔離狀態。雖然與**心智水準降低**不完全相同，但此點亦是其重要特徵。它常出現在人的中年，該狀態是帶來進一步**個體化**的前奏。從**目的論的觀點**來看，榮格相信在此狀態下，「個體所缺失的價值將可在**神經症**本身找到。」（CW7, para. 93）此狀態伴隨著能量缺乏、**意義**與目的感喪失、個人責任感消退、**情感**佔據優勢，最終會導致對**意識**帶來解體效果的**憂鬱**或**退行**（參見 unconscious **潛意識**）。榮格談到這個詞被原住民族所使用（參見 primitive **原始人**），如果未加注意，此狀態最終會導致個人人格在集體**心靈**中的湮滅與消散（參見 collective **集體**；stages of life **生命階段**）。

魔法
magic

　　係指一種阻截**潛意識**力量，或變成潛意識力量之一員的企圖。其目的是使用、勸解或摧毀潛意識，因此要去抵銷其強大力量或與其競爭性的意圖結盟。榮格認為，人的**意識**領域越受限制，其心靈內容就越常遇見準外部的（quasi-external）幻影，它會以精神或者魔法力量的形式投射在活人、動物或無生命的物體身上。他認為此**投射**之物是自主或半自主的、尚未**整合**的**情結**。

　　然而，對魔法的信仰意味著個體對潛意識僅有很少或甚至沒有任何掌握，而魔法儀式的施行則能給這樣的人更大的安全感。這些儀式的目的是維持心靈平衡。有能力加以干預的人（魔法師、薩滿、女巫、祭司或醫師）被認為具有某種超自然力量，是一個相對應於**魔力人格**的過渡人物及原型人物。

男性
male

參見 sex **性**。

魔力 / 瑪那
mana

參見 mana personalities **魔力人格**。

魔力人格
mana personalities

　　魔力（mana）這個詞源於人類學，美拉尼西亞群島是其起源；由特定個人、物體、行為、事件與**精神**世界的住民（譯註：亦即某些靈體）身上所發散出來、非比尋常的超自然力量。現代的相等用語是「魅力」（charisma）。**魔力**暗示了存在一種遍及一切的重要力量，那是原始的成長能量或者魔法治癒力，而後者可與原始心理**能量**的概念相連結。魔力可以吸引或拒斥，破壞或治癒，並以超越性的力量面對**自我**。它不應與聖祕性混淆，因為後者只屬於神聖的存在（參見 *numinosum* **靈啟**）。這是一種準神聖的力量，附著於魔法師、靈媒、祭司、醫師、搗蛋鬼、聖人或神聖愚者身上，亦即任何充分參與精神世界並足以傳導或發散其能量的人（參見 magic **魔法**）。

　　自從榮格死後，對過渡階段的研究確認了處於過渡期或邊緣狀態的人，例如新生、初學者、病人或被分析者特別容易受到所謂魔力人格的吸引。不論是真實還是投射，此類意象的影響是，他們會帶給個體朝向實現的**意識**強化感。唐・璜（Don Juan），這個由卡洛斯・卡斯塔尼達（Carlos Castaneda）所描繪的人物，就是擁有超凡魔力人格的例子。因為人們相信這樣一個人物已獲得了意識的更高狀態，意欲達成它的可能性因此建立，所以人們也就相信自己可以在對方的陪伴下達成同樣的轉化。

　　不幸的是，對於**分析師與病人**之間移情關係的科學分析已和此類意象的效能失去接觸。作為過渡性的人物，他們有很高的價值，因為在那樣的過渡期中，將力量投射出去相當重要；只有當自我能夠從他們身上奪取力量並宣稱這代表了個體及其目的時，整合才會到來。在稍後的階段裡，**當阿尼瑪與阿尼姆斯**被剝奪了他們半魔法性的吸引力與力量時，被分析者會再次面對魔力人格，但這一次他們會被朝內投射，且通常會以和自己同性別的精神存在形式出現，例如上帝父親或**大母神**、**智慧老人**或**智慧老婦**這樣的擬人化，這得視狀況而定（參見 energy **能量**；magic **魔法**）。（榮格終身享受與此類人物的互動關係，他為後者繪像，也持續與之保持對話，這個人物就是菲利門。）魔力會依附在「渴望的人格中點」，榮格寫道：「那是**兩極**中難以言喻的事物，或統一了對立的東西、衝突下的結果，亦或是能量張力下的產物：那意味著人格即將誕生，個人的重要向前，以及下個階段的出現。」（CW7, para. 382）

當**自我**有意識地面對自性時，魔力人格就會現身。根據榮格的觀點，僅將他們視為父親或母親**意像**，是將之削減為「不過是」或「僅僅是」的作法而已。魔力人格是理想且不可腐蝕的意象，它對**啟蒙**的歷程至關重要，當人經歷了此過程之後會有一種更新後的個體感。然而，過渡期的固有危險是對魔力人格的認同，它會帶來個人的**膨脹**（參見 identification **認同**；identity **同一性**）。

曼陀羅
mandala

梵文，意思是「魔法圓」。指的是外方內圓，或外圓內方的幾何圖形，它多少帶有規律的分割，可被等分為四或四的倍數，線條從中心點散射出或從外集中於中心點，這根據個人的視角而定。榮格將之解讀為**心靈**，尤其是**自性**的一種表達。在榮格學派的**分析**中，曼陀羅常出現在夢中或繪畫裡。曼陀羅不僅可以表達**完整性**的潛力或代表宇宙的整體（一如宗教傳統中的偉大曼陀羅），在那些人格碎裂的人身上也可能以防衛的方式起作用。

參見 meaning **意義**；religion **宗教**。

婚姻
marriage

　　究竟榮格是用婚姻來指稱一段男女之間的持久關係、個體心靈的陽性與陰性的內在婚姻、**合化**，或神聖婚姻（參見 alchemy **煉金術**），這通常要視上下文的脈絡才會清楚。

　　榮格相信**兩極**相吸，他認為婚姻（就其外在意義而言）可能包含了不同人格的投射。特別是他發展出一個模式（CW17, paras324-345），假定婚姻中的某方比起另一方有更複雜的個人心理。但伴侶的性別並未包含在內。複雜的人格會**涵容**較簡單的人格，而短期來說這一切都很美好。但較複雜的那一方將會發現他或她無法從較單純的那一方得到刺激，從而會看向他處並從想像中得到滿足（參見 projection **投射**）。這會使被涵容的、較簡單的那一方更加依賴且更可能為此關係投入一切。榮格發現，作為涵容者的那一方也有渴望被涵容的隱密需求，他們會透過尋求與他人的試驗來得到滿足。而解方是去承認他或她的依賴需求。被涵容方則必須去看見自己不能在另一人身上找到救贖。

　　這個模式很難檢測。在目前可被信任的實驗證據中，都暗示那並非兩極的吸引，也不是同類的吸引。對婚姻伴侶的選擇，反而似乎得仰賴覺知到同與異之間那可以掌控的平衡。榮格的包容者－被包容者模式是去描述現在被稱為「共謀」的企圖。把婚姻中的雙方視為在一個共享幻想的庇佑下去經營運作也很有幫助。伴侶雙方的

背景中可能都有促進此共享幻想的元素。榮格並未對婚姻的動力提供全面的分析，但他對當中牽扯的心理因素很感興趣。

包容者－被包容者模式不應被認為孤立在**阿尼瑪與阿尼姆斯**的活動之外。這些原型結構影響著關係，因而決定了另一方特徵的伴侶選擇在某些程度上可以被看作是阿尼瑪與阿尼姆斯的投射（參見 archetype **原型**）。這些**擬人化**多少會因兒童期與異性父母的關係而受影響，婚姻伴侶的選擇常常反映了這樣的心理狀態，亦即孩童與父母的潛意識連結（參見 incest **亂倫**）。

內在婚姻的想法建立在榮格這樣的信念之上，他相信心理可能性的全部範圍（entire range of psychological possibilities）對任何人來說都是可以獲取的（參見 gender **性別**；sex **性**）。隨之而來的，是人格可被描述為陽性與陰性特質的平衡。當「陽性氣質」與「陰性氣質」被用來指稱人的內在傾向時，外在的性別角色並未直接涉入。然而榮格經常忽略這一點，他顯然有時會把性與性別給搞混。

近來，注意力已經轉向婚姻關係中的**個體化**問題。「個體化婚姻」並不遵循**集體**的標準，它藉由促進培育兩個人的獨特連結方式，從而服務雙方的深層利益。

分析中的「婚姻」，參見 analyst and patient **分析師與病人**。

陽性氣質／陽性（的）
masculine

參見 gender **性別**。

意義
meaning

係指可將價值歸於某些事物的品質。

對榮格來說，身為人、醫師與治療師所承擔的一切；不停糾纏於善與惡、光明與黑暗、生命與死亡等問題；加上身為科學家和有著深刻宗教氣質的人，他的核心問題就是意義。他的結論是：意義位於**心靈**之中，而且只有心靈可以辨認我們所體驗到的意義。這突出了**反思**在心理生活中的關鍵功能，也強調了**意識**並不被智力所圍。

在榮格關於**神經症的病因**概念中，意義是其中的根本，因為認識意義似乎有種治療的力量。他寫道：「最終，神經症必須被理解成尚未發現自身意義的靈魂所遭受的苦難。」（CW11, para. 497）然而，儘管試圖去發現意義，榮格仍對生命無意義的可能性保持開放。他察覺到意義的本質是矛盾的，並將其構思為一種**原型**（參見 opposites **兩極**）。

　　和此角度一致，榮格認為意義問題的每個答案都是一種人為的解讀，一種推測、自白或信念。不論對生命意義的終極問題給出什麼答案，他認為都是由人自身的意識所創造，因此都是一種**神話**；因為人無法揭露絕對的真理。尤於缺乏建立客觀意義的工具，我們只能仰賴主觀的驗證作為最終的衡量標準，而在心理治療上，**治療師與病人**也必須仰賴這一點。但意義的發現同時也是一種接近聖祕性的體驗，並伴隨某種驚奇、神祕與恐懼，這些感受經常和神聖感有聯繫，無論它現身的形式是如何低下、難以接受、怪異或受輕賤（參見 *numinosum* **靈啟**）。

　　榮格本人對意義的想像似乎和意識彼此交織。意義是藉由意識所揭露的，因而意識不僅有認知功能，也有精神性的功能（參見 spirit **精神**）。「人若沒有意識的反思，世界就會是一臺巨大且無意義的機器，因為就我們所知，人是唯一可以發現『意義』的生物。」榮格在 1959 年的信件上這麼說道。他對**共時性**展開密集研究後得到了結論，除了因果論外，自然界中還有其他藉由事件安排所展現出來的因素；對我們來說，這個因素似乎隱藏在意義的偽裝之下。但如果問是誰或是什麼創造了那個意義，他的答案不是上帝，而是人自身的**上帝意象**（參見 Self **自性**）。

　　亞菲（Jaffé）是榮格的祕書，她將榮格與意義的相遇和榮格從其生活與工作中對此主題得到的結論收錄在一起（1971）。參見 religion **宗教**。

精神疾病
mental illness

榮格師從法國的讓內（Janet）、瑞士的福勒爾（Forel）以及奧地利的佛洛伊德，他是讓大眾意識到**神經症**的起源有心因性因素的先驅之一。直到一次大戰，不論是醫學或精神病學，仍普遍假定此病和全部所謂的精神疾病都是腦部疾病。

自其職業生涯開始，榮格就不同意對精神疾病解剖研究的強調，他將注意力轉向**精神病**的內容（以及**神經症**）。他採用的立足點肯定了心理病因學相對於**思覺失調症**的角色，並藉由對妄想和隨之而來的幻覺分析建立了下列事實：它們都是重要的心靈產物（參見 symbol **象徵**）。他因此得以進一步關切疾病的心理學起因，並在治療中採用心理治療的方法。然而，很重要的一點是，儘管那能對病人帶來緩和的效果，此方法仍不足以被視為治癒的方法（參見 psychotherapy **心理治療**）。榮格終其一生都在強調病症與其心理表現之間的交互作用（參見 CW3, paras553-84）。

墨丘利
Mercurius

參見 alchemy **煉金術**；transcendent function **超越功能**；trickster **搗蛋鬼**。

隱喻
metaphor

　　係指藉由參考另一事物的**意象**來對某事物加以界定與探索。隱喻被有意識地用來作為一種詩意的工具，常被說書人與作家採用，藉以暗示祕密的微妙或在試著「表達那不可表達之物」時作為一種協助。**神話**、**儀式**與**宗教**都會使用隱喻。

　　榮格將那**心靈**裡深沉且無可代表的意象儲藏庫稱為**原型**，他將**象徵**定義為對尚未揭露的事實所能做的最佳表達，他認為闡釋應該保持忠實且盡可能地接近夢的意象，他將**自性**的心理功能比喻成**上帝意象**，並斷言是**意義**而非治療減輕了由**神經症**引發的痛苦，所有這些都是基於心靈會以意象的方式來進行推理所做出的假設，而其最接近的理性等價物就是類比或隱喻。因此，他的**擴大法**不僅提供了更全面的闡釋參考架構，同時也包含了對相關隱喻的追尋。從這個隱喻之中，理性**自我**可以探索或接近心靈訊息的理解，而心靈也可藉由在**意識**中被放大的意象重新定位自己（參見 imago **意像**）。

中年
midlife

　　參見 stages of life **生命階段**。

道德
morality

　　榮格對**倫理**與道德的貢獻是來自身為分析師與精神科醫師的觀點：「在一個人行動的背後支持他的不是公眾意見也不是道德標準，而是他仍未加以意識到的人格。」（CW11, para. 390）換句話說，一個人在處於**可能**成為什麼與**將要**成為什麼之間，卻未去**反思**自己保持的態度、做出的決定以及促成的行動之時，他就會在心理上面對道德問題。榮格認為，道德並非社會的發明，而是生命法則所固有。是人類對其自身道德責任意識所採取的行動才創造了**文化**，而非反之。

　　相較於佛洛伊德的**超我**，榮格認為是天生的個體性原則迫使每個人根據自己做出道德判斷。這個原則一方面包含了**自我**的主要責任感，另一方面和**自性**超越性的上位要求有關（一個人**可能**可以成為的樣子），這能產生最專制且最費勁的要求。這似乎對**集體**的標準僅有很少或甚至沒有影響，然而卻維持著**社會**的平衡。有意識地做出放棄或拒絕（去**犧牲**）自我位置的決定，顯然只會帶來極少的個人與立即性的外在滿足，但在心理上會將事情擺在正確的位置上；用榮格的話來說，那很管用。它會使意識與**潛意識**的力量重新恢復平衡。

　　任何與原型的遭遇都會帶來道德問題。而在**自我**面對原型所散發出的聖祕吸引力之前顯得虛弱與猶豫時，這件事會變得更加困

難。自性的原型會傳達強大且權威性的召喚。榮格似乎在說，有意識地對自性的權威說「不」是有可能的；與自性結合起來一起工作也是有可能的。但試著忽略或否認自性則是不道德的，因為那否認了一個人存在的獨特潛力。這些想法與榮格對**兩極**的基本理論一致；從根本上言，正是兩極的衝突才使人格面臨了道德問題（參見 ego-Self axis **自我－自性軸**）。

母親
mother

參見 archetype **原型**；Great Mother **大母神**；imago **意像**；infancy and childhood **嬰兒期與童年**；marriage **婚姻**。

想像世界
mundus imaginalis

想像的世界。由伊斯蘭學者柯爾賓（Colbin, 1972）所引介，並由希爾曼（Hillman, 1980）與山繆斯（Samuels, 1985b）帶入分析心理學之中。之所以使用「想像的」（imaginal）而非「假想的」（imaginary），是要用來指稱某種感知或存在的模式，而非進行評價。它指的是一種現實的精確層面或規則，座落於身體的感官印象以及已發展的認知（或精神性）之間。它可以被想成是原型意象的所在地

（Hillman），或作為可促進諸如**分析師與病人**這樣的兩人關係能夠彼此互動且具相互主體性的意象領域（Samuels）。

參見 archetype **原型**；image **意象**。

神話
myth

榮格對**夢**的內容以及精神病患的幻覺研究讓他得出了這樣的結論：那數不清的心靈互聯性只能從神話學之中找到相似點。在排除患者先前的**聯想**，以及這些連結中任何一種「被遺忘的知識」之後，榮格覺得在他面前所呈現的，是那些獨立於任何意識影響的元素。他由此達成結論：形成神話的先決條件必然存在於**心靈**自身的結構之中。他假設存在著一個集體**潛意識**或原型結構、經驗、主題的儲存庫。

神話是原型相遇的故事。正如童話可與個人的情結運作相類比，神話則是**原型**本身運作的**隱喻**。榮格斷定，現代人就像他的祖先那樣，是神話的製造者；他會再次演出墊基於原型主題的古老戲劇，並藉由意識的能力將自己從它們的強迫性控制中釋放。

在一系列的神話裡，最早的天神與女神代表了某種基本設計，且會在其後代故事中接續開展或被區分。神話故事描繪了當原型被釋放而沒有人的意識加以介入時會發生的事。相較之下，個體性包含了對此種命運力量的反抗與對話，認識它們的原始之力，卻不屈服於它。

　　榮格做結論道：現代心理學必須將這些包含神話母題的潛意識幻想產品，視為心靈對自身的陳述。我們不會創造神話，我們經驗神話。「神話是前意識心靈的原初啟示，是對心靈事件不由自主的陳述。」（Cw9i, para. 261）舉例來說，榮格寫道：它們**就是原始人**的心理生活，而不是**代表**這樣的生活。當這類母題突然在**分析**歷程中出現時，它們傳達了一種重要的意義。分析師不應假設它們僅只代表了某種**集體**的元素，而是要去覺察到，無論好壞，這些元素都在現代人的**靈魂**身上被重新啟動了。

　　不僅潛意識行為近似於神話的運作，我們自己本身也參與進了「正在活著的及曾經活過的神話」之中。當意識有機會擴展或強化神話主題時，**病理學**也會被反映在神話裡。因此，榮格對神話的觀點與佛洛伊德的觀點直接對立，並在**退行**這件事上產生了影響。退行經常包含原型行為，它不僅可被視為逃避現實的行為，也是為了重建現實而對新的基本神話主題的追尋。榮格再一次認為分析師錯用了神話的母題，如果分析師僅把它們當作某些心靈行為模式的標籤，而非視為啟動象徵的動力以及發現新可能性的能力（參見 incest **亂倫**；symbol **象徵**）。

　　僅從字面上理解神話也很危險。神話類似於個人經驗的某些方面，但不應被視為不會讓人變得**膨脹**的替代物。它提供了隱喻性的角度，但那不是解答或需要被實現的預兆。它是非個人的意象，旨在提供心靈空間給個體表達。參見 reductive and synthetic methods **還原與合成法**。

自戀
narcissism

　　榮格很少明確地說明自戀這個主題，他關注的通常是展示心理病理學的術語被不正確地應用在健康的心理活動上。舉例來說，冥想與沉思就絕對不是病理學意義上的自戀（CW16, para. 709），至於藝術家都很自戀的那些指控，這麼說吧！「每個追求自身目標的人都是自戀者。」（CW15, para. 102）簡言之，榮格接受病理學的用法（對此他相當熟悉），但也試著將之限制在他所形容的「自慰式的自我之愛」。（CW10, para. 204）

　　大概從 1970 年代以後，精神分析對自戀的態度有了很大的改變，因此讓許多作者都開始發展對這個主題的興趣。這些精神分析中的改變刺激了分析心理學家去檢查自身概念，當他們這麼做時，他們發現榮格的許多概念不僅類似於精神分析後來的演化（儘管榮格運作得更早），也有特殊的「榮格派」貢獻可供參考（參見下文）。

　　對佛洛伊德來說，原初自戀是一種對自己的愛，或力比多對自己身體的投注，這件事先於對他人的愛及謀求與他人建立關係。次級自戀是將整個客體世界齊聚於自身，或未能認識自身與客體的兩相分離狀態。這說明了對自戀者的普遍觀點，亦即他們會與他人隔離、只在意自己、虛榮且在態度上有點臭屁。對該詞的命名也可以解釋此情況，它源於一個俊美的希臘年輕人愛上了自己的倒影，並以為那是其他人（譯註：意指納西瑟斯〔Narcissus〕，他愛上自己的倒影後傷情而死，化作一株水仙花。）。當然，次級自戀（或自戀型人格疾患）在臨床上所指的不僅是幻想生活，也包含了可觀察到的行為。許多自戀型病人似乎一開始在社會層次上能運作得很好。

　　自戀現在被許多精神分析師視為持續一生的狀態，但會根據情況而有健康或不健康的調性存在。這和克服原初自戀的形式就是健康，將次級自戀的持續存在斥為病態的早前觀點有區別。自戀型人格疾患被視為源自缺乏同理的教養態度，導致當事人未能成功從自體之愛發展為對他人的愛，反而建立起明顯源於空虛及缺乏自尊，但精心裝飾堆砌出的人格架構（參見 Kohut, 1971, 1977）。

　　根據寇胡特（Kohut）的說法，自戀發展會沿著它自己的道路前進，猶如客體關係被認為也有自己的獨特發展路徑一樣。值得注意的是，自戀發展與客體關係沒有應該對立的根本理由。事實恰好相反，它們相輔相成。然而，寇胡特關於自戀的想法將他引向了自體心理學，而這與客體關係的視角相當不同。前者使用神入（寇胡特的語彙則是「替代性內省」）來找出在那個人心中的自己是什麼樣子。

客體關係則更超然（detached），用寇胡特的話來說，就是「經驗的遠離」（experience-distant）。主要問題似乎在於衝突。超然的觀察者可能會看到所有的內在衝突，但儘管如此，涉入者卻會感到他自己是一體的（一個自體）。這點在當前的精神分析中有激烈的爭論（參見 Tolpin, 1980）。我們會在下面討論**分析心理學**能於此處做出的可能貢獻。

自戀發展意味著正向參與及投注自身、自尊的發展與維持，以及志向與目標的建構及實現。此外，還有價值與理想的演變等問題。自戀發展因而成為持續一生的任務。

它與**自性**的關連鼓舞了分析心理學家關注這個議題，這層關係是由原型所建構，因此浸潤著誘人且難以抗拒的特質，一種特定的聖祕性（參見 *numinosum* **靈啟**）。在某種意義上，與自性的關係就是自性本身，自戀與**個體化**的連結因此建立（參見 Gordon, 1978; Schwartz-Salant, 1982）。由於需要一種結構來幫助探索情感而非現象，因此寇胡特從他的視角中發展出自體的概念。寇胡特駁斥了佛洛伊德的心理學取向，他認為後者太機械化也把享樂原則修改得過於實際。根據寇胡特的說法，佛洛伊德被「成熟的道德感」擄獲了，並要求我們哪怕以人性作為代價也應該長大。寇胡特對自體心理學也做出了反動，認為它作為探索整體人格的方法上有所侷限。（譯註：自體心理學的「自體」與榮格心理學中的「自性」，兩者英文皆是 self，彼此的概念有重疊之處。本書並未以大小寫加以區分，因此在本條目裡，譯者會根據上下文與分析師的派別而有不同翻譯，

在「自性」的條目中，則一律將 self 譯為自性。）

　　由於分析心理學已在精神分析中經歷了不同的歷史演變，相比之下，由自體心理學與客體關係所造成的雙重視角問題，在分析心理學中就小得多了。主要是因為原型理論允許如下的概念：即自體是預先給定的，且於出生時（或出生前）就已存在運作。在精神分析中，自體至多被視為某種後天可抵達的狀態或實現的目標，並關注於精確表述這一切究竟怎麼發生；這因此帶來了爭論。另一方面，某些評論家覺得「寇胡特的自體」和榮格的概念很接近（Jacoby, 1981），它似乎有某種未知且普遍的觀點在內。

　　目前似乎普遍同意自戀型疾患的病人需要小心使用改良過的技術。病人整併客體世界的傾向干擾了他象徵化的能力。此外，只有在長期的同理關係中，自戀型疾患病人的全能感與偉大感才有時間與空間被侵蝕，在那之後對移情的闡釋方能發揮效用（Ledermann, 1979）。重點是他的全能感與偉大感是扭曲後的版本，他原本能在與父母的關係中獲得健康的自體感（selfhood），但卻沒有成功。

　　當我們回想起自戀型人格疾患據稱是源於糟糕的教養時，分析心理學界為之激動的原因就更清楚了。我們可以看見自體，那人格的整體性（totality）、那居於上位的超越人格、**上帝意象**、位於核心的原型，都仰賴於嬰兒期的感覺經驗而成為個體的化身。藉由移情來分析其早期經驗可以觸及自體的深度與偉大，事實上還能因此釋放它。

　　參見 analyst and patient **分析師與病人**。

神經症
neurosis

在榮格那個時代，精神病學付出了很大的努力為精神疾病做出正確分類，但榮格很抗拒這股潮流（參見 mental illness **精神疾病**；pathology **病理學**）。因此，除了對神經症與精神病有寬鬆的區分外（具體來說，是**自我**分別在**歇斯底里**與**思覺失調症**的位置與強度），一個發展良好的分類系統並未在他的著作中出現（CW2, para. 1070）。榮格沒有可以類比於佛洛伊德的分類方式，舉例來說，佛洛伊德把真實的神經症歸因於性慾本身，而精神性神經病（例如歇斯底里）則歸因於無法控制的心理衝突。然而，正如拉普朗屈（Laplanche）與彭塔立斯（Pontalis）所說的：「我們很難宣稱在神經症、精神病與性倒錯的結構之間存在有效的區別方法。因此，我們對神經症的定義無可避免地會被批評為太過寬鬆。」（1980）

總體而言，榮格的態度是，患有神經症的病人比起神經症本身更需要我們的關注。神經症不應被獨立於人格之外，而應該被視為受心理病理所困擾的**心靈整體**。因此，在**分析**中最為關鍵的就是情結的內容，而不是一份漂亮的臨床衡鑑報告（參見 complex **情結**）。

雖然他定義了神經症，但仍舊參考了片面與失衡的發展。有時，失衡會介於自我與一個或更多的情結之中。有時榮格會使用他對心靈的概括來指涉自我相對於其他心靈機制——例如阿尼瑪或阿尼姆斯以及**陰影**（參見 anima and animus **阿尼瑪與阿尼姆斯**）等的困

難。神經症因此是**心靈自我調節功能**這一自然能力的（暫時性）失效（參見 compensation **補償**）。

同時，神經症的症狀不能只被視為潛在的不安與失衡的發散物，應被看作自我療癒的企圖（參見 healing **療癒**），因其讓人注意到自己已經失衡，且正遭受疾病的事實（參見 teleological point of view **目的論的觀點**）。

神經症的臨床圖像經常包含了無意義感。這使榮格象徵性地將典型的神經症指稱為宗教性問題（CW11, paras500-515）。參見 meaning **意義**；religion **宗教**。

榮格很不願使用嬰兒期因素的還原來做解釋，這意味著他並沒有對**神經症的病因**留下完整理論。然而，情結的概念可用以描述釐清神經症的組成，但有時榮格又似乎暗示神經症是遺傳結構的一個部分（參見 archetype **原型**；psychic reality **心靈現實**；reductive and synthetic methods **還原與合成法**）。

靈啟／聖祕
numinosum

榮格在1937年寫到了靈啟,他將之形容為:

一種動力性的機制或影響,但非由意志的獨斷行動所造成。相反地,它會捉住或控制人類主體,後者常會變成它的受害者而非創造者。靈啟,且不論它是什麼原因造成的,是獨立於個人意志的主體經驗……靈啟是一種從屬於可見對象的品質,或是能引起**意識**特殊改變之不可見的存在。」(CW11, para. 6)

雖然難以解釋,但它似乎經由神祕與怪異的方式傳遞了一種個人的訊息,同時令人印象深刻。

榮格感覺,無論是意識或潛意識的信念,事先準備好去信任一個超越性的力量,都是靈啟經驗出現的先決條件。聖祕無法被征服,人只能為之開放自身。但靈啟經驗不僅是巨大且引人入勝的力量而已,它是和某種力量的對抗,而那力量則暗示了尚未揭露、具吸引力且命中注定的**意義**。

這個定義與奧托(Otto, 1917)在《神聖的理念》(*The Idea of the Holy*)一書中所給出的一致,榮格則把與靈啟的相遇看成是所有宗教經驗中的一種屬性。無論對個人還是**集體**,聖祕性都是超越且上

位的**上帝意象**中的一種面向。對宗教經驗的探索使他相信，在靈啟發生的時候，先前的**潛意識**內容突破了**自我**的限制並壓倒意識人格，其過程正如病態情況發作時的潛意識入侵一樣。然而，靈啟的經驗並不具有心理病態的性質。在面對個體遭遇了「如神者」的報告時，榮格還是認為他並沒有找到上帝存在的證據；但是所有的案例均表明，在這樣深刻的體驗中，僅靠語言的描述遠無法傳達其影響力。

當代人本心理學將此令人印象深刻的事件稱為「高峰經驗」。

參見 religion **宗教**；spirit **精神**；vision **幻象**。

客觀心靈
objective psyche

榮格會用兩種方式使用此術語：第一，用以表示**心靈**是客觀存在的知識、洞察與想像力之來源（1963）。參見 psychic reality **心靈現實**。第二，用以指出某些心靈內容屬於客觀的存在物，而非個人的或主觀的性質。在此觀點下，他將客觀心靈等同於他所謂的「集體潛意識」（CW7, para. 103n.）。

參見 archetype **原型**；image **意象**；unconscious **潛意識**。

客體關係
object relations

自精神分析發展出的理論，在人類與「客體」（意指可以吸引關注以及／或者能滿足需求的實體，而非一種「物體」）聯繫的基礎上

來瞭解心理的活動。這點可和基於本能驅力的理解角度相比較，對客體關係的理論家來說，後者似乎是偏向機械論的。

儘管榮格並未使用這個術語，他的取向卻無疑採用了客體關係的觀點。榮格對於**心靈**的看法有如下幾個特徵：(1)強調心靈內不同組成部分之間的關係；(2)這些組成部分與外在世界的關係；(3)有關心靈破碎、分裂、解離、個人化及其他等等傾向的工作（參見 dissociation **解離**；personification **擬人化**）。這與精神分析中有關部分客體（part-objects）的概念很類似，亦即皆被主體單獨當作需求滿足的中介機制。精神分析中的完整客體概念可以在榮格對兩極結合的推論中找到相近的觀點（參見 *coniunctio* **合化**；opposites **兩極**）。榮格對於某些心理歷程的描述進一步給出了他的觀點與客體關係理論家兩者間的相似性。舉例來說，榮格在他對嬰兒客體分裂的形容裡，總是會以兩種相反的角度來描述**大母神**。參見 archetype **原型**；depressive position **憂鬱位置**；identity **同一性**；paranoid-schizoid position **妄想－分裂心理位置**；*participation mystique* **神祕參與**。

雖然客體關係並沒有和**自性**相類似的明確概念，但仍有人指出這個概念很明確，或此概念能與客體關係相容（Sutherland, 1980）。但另一方面，寇胡特（Kohut）認為客體關係取向和自體心理學並不相容（Tolpin, 1980）。因為前者是由一個彷彿超然的觀察者所建立；那是遠離經驗的。另一方面，後者則是接近經驗（experience-near）的，它源於神入（empathy），並尊重以下的事實：儘管我們能就一個人的內部與外部客體來討論他，但這不是他經驗自身的方式。而這些精

神分析的爭論在**分析心理學**中並不存在（參見 narcissism **自戀**；Self **自性**）。

伊底帕斯情結
Oedipus complex

參見 incest **亂倫**；psychoanalysis **精神分析**。

兩極
opposites

「兩極是心理生活中根深蒂固且必不可少的前提條件。」榮格在他最後的著作中這樣寫道（CW14, para. 206）。想瞭解他的觀點，就要先熟悉兩極原則。這是他科學努力的基礎，也是榮格許多假設的根源。榮格採用熱力學第一定律來表達心靈的動力學，該定律認為能量需要兩種相反的力量。他在不同時期都曾為自己的論點引用各種哲學源頭，但沒有一個被當成首要條件。

從他把**潛意識**的概念當成**意識**對立極的時候起（因此才能讓補償功能得以運作），榮格就把內在二元性的概念應用在心靈的研究、觀察與洞察的擴大領域中（參見 compensation **補償**）。不論是否覺察到此點，分析心理學家自一開始就仰賴著兩極對立的理論。

　　在使用榮格理論時，成對的兩極就被認為在本質上不可調和。在自然狀態中，它們會以未分化的狀態共存。人類生命的機能與需求包含了可以滋養規則與限制的活著的**身體**，它會防止心靈過度失衡；意識與潛意識狀態在「平衡的人」身上是和諧共處的。但任何由兩極達成之「妥協」瓦解後都會帶來對立活動的加劇，致使心靈失衡，如同神經症發作時所觀察到的那樣。狀態的交替，或一下由這一極控制，一下又被另一極控制的經驗，是意識正在覺醒的標誌。當張力變得不可忍受時，就必須找到解方，而唯一可行的方法是兩個不同事物能在令人滿意的狀態下取得和解。

　　幸運的是，在兩股相反力量的碰撞之外，潛意識心靈會傾向創造出第三種可能性。它的性質是非理性的，對意識心智來說無法預期且難以理解。它不會用直接的是或否作為答案，所以第三種可能性不會立刻被對立的任一種觀點接受。意識心智什麼都不能理解，除了對立之外，主體感覺不到任何東西，因此也就無法獲得將雙方統一起來的知識。故而曖昧模糊的**象徵**才能吸引關注並最終使雙方和解。此衝突狀態並未替兩難情境提供理性的解方，該狀態是對立雙方所產生的非理性「第三方」，也就是象徵。

　　「科學似乎停在了邏輯的前沿，但是……〔自然〕並不會在兩極面前止步；它利用它們從對立中創造新生。」（CW16, para. 534）榮格用這些文字描述移情問題的解決方案，它涉及**分析師與病人**之間似乎難以調和的關係需求。兩極衝突的解決方案可能首先會以結合（**合化**）的方式來產生象徵，而後是和解母題的出現，例如孤兒或棄兒母

題。此時出現的是新生的構造，而不再是對抗，它象徵著新生的整體，一個擁有潛能的形象，它會超出意識心智所能構想的範圍之外。

這個母題與其他所有統一的象徵一樣，具有救贖的重要性，亦即它會從衝突的分裂中將主體贖回。同樣地，所有象徵都可說擁有救贖的潛力，因其超越了對分裂對立的盲從（參見 transcendent function **超越功能**）。然而，藉著統一精神與物質的兩極，那超越人類條件（human condition）的象徵可以說是**上帝意象**或**自性**的一部分。

邏輯上來說，兩極總是分裂而且永遠保持衝突的，一方對抗著另一方（亦即善對抗惡，反之亦然）；但是它們也會不按邏輯地在潛意識**心靈**中合流。**原型**被認為包含了固有且對立的二元性，那可用光譜的方式加以表達（以**大母神**原型為例，好母親或滋養的母親是光譜的某一端，而壞母親或吞噬的母親則在另一端）。從分析上來說，一種原型的內容只有在其光譜的全部範圍都被意識化之後，才可以說它已被整合了。

如果任其自行發展，潛意識兩極的同時共存會使彼此的動力被取消並導致停滯。然而，兩極同時共存的原則又會被絕對對立或**物極必反**的原則所平衡。矛盾的是，當最大的完滿點來臨時，原先光譜的某一端就會轉向其對立極，而新合成的可能性就會得到釋放。心理**能量**會接著聚焦在衝突的解方，並嘗試去和解。因此，所有的心靈結合或合成都必須被視為暫時的，持續的統一狀態是不可能的。榮格相信，只有發現人類存在的**意義**才能使我們忍受兩極無

休止不停轉換的需求（參見 individuation **個體化**；transfomation **轉化**；wholeness **完整性**）。

　　榮格所暗示的立場讓他受到了許多批評，不僅是科學界的同事，還包括發現基督教的上帝意象同時有光明面與黑暗面，並為此概念感到不滿的神職人員。在這樣的理論基礎上，導致分析心理學家自身也有許多不同的取向、反對意見及轉變。

繪畫
painting

係指在分析或自我分析中，以視覺形式呈現內在意象的畫像。意象可能源於**夢、積極想像、幻象**或**幻想**的其他形式。

在十九世紀末的中歐，瘋子的畫像引起了大眾的興趣，榮格無疑也知道這個情況。在他的生涯早期，就已開始為自己作畫或雕塑，並持續終身。榮格也鼓勵他的病人繪畫並在某些文章中詮釋這些畫作（尤其可參看《個體化歷程之研究》〔*A Study in the Process of Individuation*, CW9i〕；《哲學樹》〔*The Philosophical Tree*, CW13〕）。這些被分析者的畫作檔案仍置放在蘇黎世榮格學院（the C. G. Jung Institute in Zürich）裡。

在評論畫作的心理學價值時，榮格同時強調過程與成果。畫作調節了病人與他的問題。隨著繪畫的產生，一個人也與自己的精神

狀態拉出了距離。對病人來說,不論是神經症患者或精神病患,難以理解的與無法掌控的混亂都可藉由繪畫被具體化。

人與其繪畫的分化過程經常被視為心理獨立的開端。當人在描繪一個幻想時,會繼續以更加完整的形式與更精密的細節來持續想像它。在此例中,人不用描繪幻象或夢本身,而是把這個幻象或夢的內容給畫出來;因此,意識**心靈**就有機會和從潛意識中爆發出的東西進行互動(參見 transcendent function **超越功能**;unconscious **潛意識**)。

一開始,繪畫的方法是積極想像的對立面。人不需力求揭露或釋放潛意識的內容,而是去幫助它們被完整且有意識地表達出來。榮格警告,原始的材料越少受塑造越好;反之,如果材料太早被固定或受道德的框架、理性及診斷的術語所評判,危險就越大。

要很謹慎地處理畫作及對它的**闡釋**,不論是對作畫者還是分析師來說都是如此。榮格持續以此觀點進行工作,亦即畫作就是病人本身(就像夢一樣),而作畫者及其對繪畫的想像性解釋則是分析師首應促成的關係。

榮格的追隨者用繪畫作為鼓勵釋放受壓抑**情感**的方法,以及/或用於診斷目的。一系列的繪畫經常被視為順序或敘事的發展,用以表達正在改變的心理狀態。

參見 mandala **曼陀羅**。

妄想－分裂心理位置／偏執－類分裂心理位置
paranoid-schizoid position

　　由克萊恩（Melaine Klein）所引介的術語，係指在**客體關係**發展中的某個時間點，那時的嬰兒還未認識到他認知中的好母親與壞母親意象其實是同一人（參見 depressive position **憂鬱心理位置**；Great Mother **大母神**；image **意象**）。雖然妄想－分裂心理位置與憂鬱心理位置（人格與客體的分裂在此可得到療癒）互為對比，但兩者之間依舊存在某種雙向運動。在成人生活中，也很常發現兩種心理位置同時存在的證據。

　　在發展的基模（schema）中，妄想－分裂心理位置會遵循原始的同一性，不論後者可能被認為以何種狀態存在（參見 identity **同一性**）。分裂（splitting）是妄想－分裂心理位置的主要特徵，它和原初自性的「碎解」（deintegration）不同（參見 Self **自性**）。後者所產生的各種碎片，其內在就攜帶完整性的暗示，並有為朝向人格改善而工作的傾向。

　　此時焦慮的性質是妄想（亦即嬰兒恐懼遭到迫害與攻擊）其防衛方式是將客體劃分開來（亦即分裂的策略）。嬰兒將母親意象給劃分開，以便擁有母親的好面向並控制住她的壞面向。而明顯無法和解的愛與恨所導致的強大焦慮感，也會讓嬰兒把自己的內在給劃分開。有人認為，承受分裂的能力是日後**兩極**能夠合成的先決條件。

但正如榮格強調的那樣，它們一開始必須先分化，也就是分裂。

妄想－分裂心理位置反映了被榮格稱為「英雄式」的**意識風格**，此類嬰兒會傾向以過度堅毅與目標導向的態度來表現自己。

參見 hero **英雄**；*puer aeternus* **永恆少年**。

神祕參與
participation mystique

從人類學家列維－布呂爾（Lévy-Brühl）處借來的術語。他將該詞用來指稱與某個客體（也就是「東西」）間的關係形式，在此關係中，主體無法將自己與此東西區分開來。這基於某種在**文化**中普遍存在的觀念，意指某個人／部落與某物——例如某個崇拜物或聖器——之間已有了聯繫。進入神祕參與的狀態時，這種連結就活了起來。

榮格從 1912 年開始使用這個術語來指人與人的關係，在此關係中，主體或部分的他取得了對另一方的影響，反之亦然。以更當代的精神分析語言來說，榮格描述的是**投射性認同**，人格的一部分被投射到客體中，而客體則因此經驗到投射出去的內容。

神祕參與或投射認同是早期的防衛機轉，但也會在成人的**病理學**中出現。它們讓主體能根據內在世界的觀點來控制或「影響」外在客體。藉此，原型的遺產對外在世界發揮了影響力，因此我們才能談論主觀經驗或主觀環境。在日常情境裡，神祕參與可能是兩個

人之所以可以預期彼此需求，接上對方談話，並依賴對方來成為自己的條件（參見 archetype **原型**；identity **同一性**；object relations **客體關係**；paranoid-schizoid position **妄想－分裂心理位置**；psychic reality **心靈現實**）。

部分客體
part object

參見 object relations **客體關係**。

病理學
pathology

病理學的定義是對疾病的研究，其目標是理解疾病的成因並應用在病人的治療。雖然榮格終身關切病理學，但成為年輕的精神科醫師以及精神分析師的頭幾年之後，他就對所謂病理學狀態的定義不太關心了，也不再仰賴排除了自身實證觀察及結論的醫學模式。儘管他認為**心理治療**是醫學的分支，但也看見了醫學取向與心理治療取向的重大差異。正是因為**分析**技術能打開一個人緊關的心門，進而揭開潛藏的疾病，因此他堅持分析師與醫師之間要彼此合作（參見 psychosis **精神病**）。

1945 年，榮格在瑞士醫學科學院的理事會講座上提醒他的醫師同事，要注意醫師與心理治療師在病理學取向上的差異。醫師治療病理，心理治療師則必須注意生病的心靈其實包含了人的全部。因此，儘管診斷對醫學工作者來說最為重要，但對心理治療師來說，其價值卻相對較小。同樣地，就精神性神經症來說，要完整編寫一份病史幾乎是不可能的，因為疾病的起因在一開始是無意識的，經常藏匿起來讓治療師無法知悉。最後，比起攻擊症狀，心理治療必須在心理上進行處理；也就是說，要去覺知位於困擾根源的心靈意象。當這些意象不能為個人及**社會**所接受時，就會偽裝成疾病現身（參見 hysteria **歇斯底里**；mental illness **精神疾病**；narcississm **自戀**；neurosis **神經症**；schizophrenia **思覺失調症**）。

病人
patient

參見 analyst and patient **分析師與病人**。

人格面具
persona

此術語源於拉丁文，指古典時代的演員所穿戴的面具。因此，人格面具指的是一個人面對世界的面具或樣貌。人格面具可以指性

別認同、發展階段（例如青少年）、社會地位、工作或職業。在人的一生中，會戴上許多人格面具，且可能組合數個同時使用。

榮格關於人格面具的概念是一個**原型**，意指人格面具在此背景下有著必然性和普遍性。在任何社會中，促進關係與交流的方式都是必須的；而參與其中的個人，其人格面具則部分地執行了此功能。不同的文化會為人格面具建立不一樣的準則，且會隨著時間改變和演化，因為底層的原型模式會受無窮變化的影響（參見 culture **文化**；image **意象**）。有時候，人格面具被用來指「社會原型」，包含所有適合生存於社會所做的妥協。

因此，人格面具的本質並未被想成是病態或虛偽的。但如果一個人過度認同自己的人格面具就會有**病理學**的風險。這意味著對社會角色（律師、分析師、勞動者）及性別角色（母親）之外的自己缺乏覺察，同時也未成功讓自己變得成熟（舉例來說，明顯未能適應已經長大的情況）。對人格面具的認同會導致某種心理僵化或脆弱的形式；此時**潛意識**傾向以爆發的方式進入意識之中，而非採取容易控制的方式慢慢浮現。當**自我**認同人格面具時，就只能朝著外部定位。它對內部事件會很盲目，因此無法做出回應。因而人可能意識不到自己的人格面具。

上述最後一段評論指出了榮格在**心靈**結構中為人格面具所分派的位置。它是介於自我與外部世界中的調節者（好比**阿尼瑪與阿尼姆斯**調節著自我與內部世界一樣）。可將人格面具與阿尼瑪／阿尼姆斯

想成是**兩極**。人格面具關注意識與**集體**的適應；阿尼瑪／阿尼姆斯則關注私人的、內部的以及個體的適應。

個人潛意識／個人無意識
personal unconscious

參見 shadow **陰影**；unconscious **潛意識**。

擬人化／人形化／人格化
personification

　　一種基本的心理活動，一個人自發且不由自主地將其經驗到的東西變成一個人，亦即使之成為心靈的「人物」。我們會在**夢、幻想**與**投射**中遇見自己的擬人化。

　　榮格對擬人化的初次引用為我們提供了一個例子，這是他對病人幻想的部分詮釋，他這麼說：「這是 M 小姐的精神性（spirituality），它被擬人化成阿茲特克人，這對她來說太高太遙遠了，以致於她無法在凡人身上找到愛人。」（CW5, para. 273）根據榮格的觀點，有足夠強度或數量的心靈內容才能從一整體的人格中碎解出來，且只有在客體化或擬人化的時候才會被察覺（參見 apperception **統覺**；archetype **原型**；complex **情結**）。擬人化因此使人們可將**心靈**功能視為一系列自主的系統。它削減了碎解的威脅力量並使**闡釋**變得

可能（參見 possession 佔據；psychosis 精神病）。

擬人化是自然的心靈過程，一開始由深度心理學家在**解離**、幻覺或分裂為多重人格的病理狀態中所觀察到。後來榮格談到它時，把它跟**原始人**的心理做聯繫，還將之比喻成潛意識**認同**或潛意識內容在能被整合進**意識**之前，對客體所做的**投射**。佛洛伊德則將概念轉譯成諸如審查者、超我、多形變態兒童（譯註：polymorphously perverse child，精神分析用語，佛洛伊德用以指稱兒童期可以用身體的任何部位得到性滿足的天性本質，不受成人社會的規範。待及成人後，性的能量才逐漸統一匯流在性器官上，但並非人人如此，因此導致成人社會中出現性變態行為。）等擬人化意象。然而，他並不是第一個這樣做的醫師或科學家，如同榮格在對醫師／哲學家帕拉賽爾蘇斯（Paracelsus）的研究以及對煉金術士（參見 alchemy **煉金術**）佐西莫斯（Zosimos）的**幻象**所做的精細描繪中所指出的那樣。榮格本人也將這些他在經驗中觀察到的概念加以擬人化（shadow **陰影**；Self **自性**；Great Mother **大母神**；wise old man/woman **智慧老人／老婦**；anima and animus **阿尼瑪與阿尼姆斯**），他這麼說道：「潛意識自發擬人化的事實……是我為何在術語中接收這些擬人化並為之命名的原因。」（CW9i, para. 51）

事實上，他述及的是幻想的意象。他的激進構想是心理行為會透過擬人化意象的模式轉變來進行（參見 image **意象**；imago **意像**）。去個性化（de-personalisation）可以被稱為**失魂落魄**。一個無法進行擬人化的病人，會傾向於個人化（personify）每一件事。**分析**可視為對

病人與其擬人化事物之關係的探索。因為擬人化的能力支撐著所有心理生活的基礎，並在終極層面上提供我們**宗教**與**神話**的意象。

在榮格的追隨者中，希爾曼（Hillman, 1975）對擬人化作為自然且根本的心理過程寫了最長且最深的論述。他提到：（1）它保護心靈不受任何單一的力量支配；（2）它藉由人們承認這些形象屬於自己，但同時承認它們不受自己的認同與控制所影響，從而建立起不同的視角，因此成為有用的治療工具；（3）正如榮格所指出的那樣，藉著擬人化，形象獲得了客觀性，這使它們不僅能從潛意識中分化出來，也能與彼此區隔。也就是說，它們不再彼此合併或相互附著；（4）個人化促進了心靈元素彼此間的關係；（5）比起概念化，它的優勢在於能引發有生命力的回應，而非理性的蒼白名稱。

普羅若麻／圓滿豐盛
pleroma

諾斯底（Gnostic）教派的術語，榮格用以指稱超越時間與空間類別和界線之「地」，以及某個兩極張力都已消滅或溶解之處（參見**兩極**）。與**完整性**或**個體化**不同，其差別在於普羅若麻是預先給定的事實狀態，而非後天的成就。位於其中的「合一」狀態並不同於由先前互異的人格元素齊聚而成的完整性。然而，完整性的條件以及某些神祕狀態，也可被理解為對於普羅若麻的統覺。

　　普羅若麻相當於物理學家波姆（Bohm）所指的現實的「隱序」
（implicate order）或「卷序」（enfolded order），它存在於我們所察知到的
現實之中、之後或底下（1980）。

　　參見 opposites **兩極**；psychoid unconscious **類心靈潛意識**；
synchronicity **共時性**；*unus mundus* **一體世界**；uroboros **銜尾蛇**。

多神論
polytheism

　　係指對多個神祇而非單一神祇的信仰或崇拜。雖然它通常被稱
為一神論的對立面，但一般來說神學家將其理解為一神論的表達方
式，因為多神論預先假定了某種超越性的上位原則存在，不論那原
則被稱為渾沌或其他的東西。

　　榮格是在歷史的脈絡下應用這個詞語的，亦即多神論的渾沌
先於基督教的秩序。然而，從心理學來看，原型的多樣性可看成是
「多神論的」，尤其許多原型曾不只一次被指為擁有與神祇或惡魔相
當的地位，雖然它們與帶有超越性地位的「一神論的」**自性**處於持
續的緊張狀態。

　　隨著分析心理學的概念延至原型心理學，這樣的考量變得越來
越切題（Hillman, 1983）。「靈魂固有的多樣性」在此處被強調，希爾
曼寫道，它需要「能平等分化的神學幻想」。

佔據
possession

在一般的用法裡，「佔據」意味著「擁有」，同時帶著保有、佔領與控制的意味。在心理學術語中，「佔據」意指一個**情結**或其他原型內容對**自我**－人格的擁有、接管或佔領（參見 archetype **原型**）。因為奴役與佔據是同義詞，自我是受政變的主體。由於神經症或精神病的症狀相當有力而固執，人的選擇會受其剝奪，同時對於**意志**的施展也會有無力感。**意識**受到抑制的程度，會與入侵的自主心靈內容及急性的片面結果之強度成正比（參見 compensation **補償**；neurosis **神經症**）。這不僅危害了意識的自由，也危害了心靈平衡。為了支持被佔據的心靈機制，不論那是母親情結或者對**人格面具**或**阿尼瑪／阿尼姆斯**原則的**認同**，個人的目標都會被竄改。

佛洛伊德去世時，榮格在發表於巴賽爾報紙的文章中（CW15）簡潔地解釋了**分析心理學**的發展，他以歷史的角度將之與沙科（Charcot）的發現做連結：「歇斯底里的症狀是特定念頭佔據了病人『大腦』的結果。」根據榮格的說法，布洛伊爾（Breuer）從此處證實了佛洛伊德的理論，後者宣稱「一旦我們用心理學的公式取代祭司幻想中的『惡魔』，就會和中世紀的〔佔據〕觀點完全一致」。榮格發現，在尋求佔據的病因以治療病人及中世紀一勞永逸的驅魔嘗試之間，兩者相當類似（參見 aetiology of neurosis〔**神經症的**〕**病因**；hysteria **歇斯底里**；pathology **病理學**〕）。

　　從這樣的類比中，榮格進一步描繪了他個人的工作。在佛洛伊德認為當代的神經症有類似中世紀佔據的特質之後，佛洛伊德式的解夢就企圖去探究此類佔據的根本原因。然而，根據榮格的觀點，這是使被佔據的心靈能推翻佔據者或壓抑機制的方法。他發現此法雖然值得欽佩卻效果有限。他這麼提到，在一次與佛洛伊德的關鍵談話中，他曾問是否有人無法發現神經症對個人的弦外之音，並最終使**意義**成為神經症佔據的犧牲者。這是榮格**目的論的觀點**之核心所在。

權力
power

　　我們應該這麼看，榮格早期的心理學架構是對其同行先驅及親密同事在**心理治療**領域之理論的聯繫與反應，同時該架構也代表他自身富有創造力的洞察。在上述這些人當中，與他建立交流的是阿爾弗雷德・阿德勒（Alfred Adler）以及佛洛伊德。阿德勒的工作特別建立在把權力意志當成人類行為的動機原則，而榮格也一度斷然宣稱，他認為阿德勒與佛洛伊德雙方的觀點都墊基於一個前提，亦即人是藉著想要成功或出人頭地的意志，來激勵自己往前或主張自我的。最終，他並沒有贊同自己原先狹隘的想法，因為它太「男性化了」而且不夠完整。他相信除了其他的原型意象外，在人的**心靈**中還有一個**上帝意象**存在，他還給實現完滿的驅動力或朝向「**完整性**

的本能」分配了一個優先的位置。他用來回應阿德勒的詞語表達了他自身的宗教導向。他說，他發現阿德勒把權力意志當成人類驅力的堅持，是對人類「道德劣勢」的接納（CW16, para. 234）。

榮格並未否認權力意志（亦即將所有其他的影響力都從屬於**自我**的願望）是一種**本能**，他也未視之為純負面的東西。那是在**文化**發展中有力且決定性的因素。同樣地，若是沒有了它，人就沒有動力去建造足夠強壯的自我來抵擋外在生活的變化，特別是面對自身人格中的**自性**。

從概念上來說，榮格認為權力等同於**靈魂**、**精神**、守護靈、信仰、健康、力量、**魔力**、生產力、**魔法**、威望、醫療、影響力，它是心理**能量**的形式。他不僅在**原型**中看見了能再製類似神話概念的準備狀態，同時也看見了權力的儲藏庫，亦即「決定的能量」。

榮格將權力**情結**界定為所有能力、奮鬥與想法的總和，其目標是用以取得個人的權力。當它主導人格時，所有其他的影響力都會服從自我，無論是源於他人或外在條件散發出的影響力，或者個人自身的衝動、想法與情感皆是如此。然而，人是可以擁有權力但不受權力驅使或淪為情結受害者的。增強運用權力的意識能力是心理治療的目標（CW8, para. 590）。

原初場景
primal scene

參見 infancy and childhood **嬰兒期與童年**；marriage **婚姻**。

初級與次級歷程
primary and secondary process

參見 directed and fantasy thinking **定向與幻想思維**。

原始人
primivites

榮格寫道：

在前去非洲旅行並尋找歐洲勢力範圍之外的心靈觀察時，我潛意識地想要找尋我人格中因身為歐洲人的影響與壓力而變得不可見的那部分。這位於潛意識中的部分與我互相對立，而我確實也在試著壓抑它。正與其本質一致，它希望使我保持在無意識狀態中（把我強壓在水面下）以便殺了我；但我的目標是，透過覺察讓它更為意識化，這樣我們才能找到共通、妥協後的生活方式。（1963）

　　他對所謂「原始人」的世界相當關注；他在其中進行的田野研究，對他們儀式與典禮著迷、對他們心理的觀察、對他們恐懼的理解、他們的類比式思考、對靈魂現象的嚴肅心態，以及他們對**象徵**所表達的敬意等，凡此種種，都影響了榮格的觀點，亦即現代人內在還有原始人的心理殘餘物。但這些元素必須用不同的角度看待。第一個角度是從人自身的內部來理解。正如一開始所引用的那段話所證實的，這是由榮格自身心靈本質所驅動的實驗，係由他自身的**潛意識**所推動。一如他的**繪畫**與雕塑、他的**積極想像**、**夢**的序列、或 1 號與 2 號人格之間的對話，那並非他有意如此。剛好相反，推動這些事情的是他自身內部的體驗，是那些他無從解釋，只能用最普通的語彙來描述的事物。他去非洲並不是為了和非洲原住民或部落居民會面，而是想藉由觀察，去與他自己內在屬於原住民的、不受拘束的、部落的，有時也是野蠻人的另一面會面。

　　第二個角度也源自榮格的主觀定位。儘管那並未公開表達過，但他對所謂原始人的興趣，源自他首度嘗試在集體**投射**中尋求驗證自己的心理學觀察。之後，他對此更學術化而複雜的嘗試則是**煉金術**的研究。他對原始人研究的專注是對時間回溯的推斷，以便找到他在對現代人的潛意識研究中所觀察到之現象的**集體**起源。

　　第三個角度讓他和同時代的科學家與醫師產生了方法論的衝突。在現代科學中，這樣的研究給予主體性和客觀性同樣的位置。

　　第四個角度則提供了集體本身與和其相對立的單獨個人兩者間的會面。他對於原始人思維風格的假設，是他們藉由投射來思維，

因為他們的心智是集體導向的。

　　因為他的田野研究從人類學家的標準來說並不合適，而且過於仰賴幾個少數來源，同時也因他的許多研究都是透過對話來進行，有些同時代及之後的社會科學家都對他的觀點打上折扣。他也被那些將他的行為視為在剝削原住民及貶低其價值的人所批評。他並非故意如此，只有從意識及政治的角度去尋找剝削的軌跡時，他才會有此嫌疑。

　　榮格對「原始人」的定義墊基於列維－布呂爾（Lévy-Brühl）的理論。然而，儘管他仰賴列維－布呂爾的理論基礎，他也不是榮格所受到的唯一影響。藉由閱讀、旅行、對話與內省，榮格關於「原始人」的想法，逐漸與邊緣存在物（liminal being）的**意象**等同，因此我們在此處擁有了他自身意象中最為完整的圖像。不論是臨床或其他方面，要想完全熟悉或評價榮格的工作，就有必要瞭解他對所謂原始人的研究。原始人的心理意象，與他對個體**意識**之浮現的概念化相符。

　　參見 loss of soul **失魂落魄**；mana personalities **魔力人格**；*participation mystique* **神祕參與**；pleroma **普羅若麻**；religion **宗教**。

原始意象
primordial image

　　參見 archetype **原型**。

投射
projection

　　榮格對投射的觀點建立在精神分析的基礎上。投射可被視為正常或病態的，也是因對抗焦慮的防衛機轉而存在。難受的情緒和人格中無法接受的部分可能會位於個人內部或主體外部的客體（參見 peronfication **擬人化**）。有問題的內容因此受到控制，而個人也會感覺到（暫時性的）放鬆以及幸福的感受。人格中感到好的及有價值的部分也可能被投射出去，以保護免受人格中被幻想為壞的或毀滅性的其他部分給蹂躪。從經驗上來說，一個人會對另一個人（或組織或群體）感覺到他認為適用於那個人身上的感受；但稍後可能才會瞭解到他的感受並非事實。公正的觀察者，或許是分析師，可能會更早瞭解到這一點。如果投射超過了理想的水準，一般所造成的結果是人格貧乏。對嬰兒期來說是正常水準的投射，在成人身上會被認為是病態的。

　　在**分析心理學**中，也很強調把投射作為使自我意識獲得內在世界內容的方法（參見 ego **自我**）。其假設是自我與此類潛意識內容的相遇很有價值（參見 unconscious **潛意識**）。藉由提供投射而啟動的原始材料，外在世界的人與物就可為內在世界服務。當被投射的內容也是心靈某部分的代表時，這一點最可被清楚看見。**阿尼瑪與阿尼姆斯**的投射被真實的女人與男人給「攜帶」；若沒有載體就不會有相遇。同樣地，**陰影**也很頻繁地在投射中遇見。根據定義，陰影是意

識中無法接受之事物的儲藏庫。那使它處於隨時可被投射的狀態。然而，若要得到任何有價值的事物，就有必要對所投射的事物進行再整合或再蒐集。榮格建議，為了理解上的方便，這個過程可被分為五個階段：

⑴·此人確信他在對方身上所見的即是事實。

⑵·在他／她「真正的」樣子以及所投射的意象之間，當事人對這兩者的分化產生了逐漸的認知。這種覺知可藉由夢或外在事件給促動。

⑶·對差異進行某種檢核或評判。

⑷·得出了先前的感受是錯誤或幻覺的結論（榮格認為這是精神分析所能到達的最遠之處）。

⑸·有意識地搜尋投射發生的源頭與起因。這包括**集體**以及個人對投射的決定因素（參見 archetype **原型**）。

榮格曾指出投射在同理中所扮演的角色，但他認為內攝對同理的作用更大。將客體納入主體範圍時我們需要投射；但要促進同理反應時，我們需要內攝。當代將之與寇胡特（Kohut）的定義做對比，他把同理（譯註：或翻為神入）定義為「替代性內省」。在寇胡特的理論中，投射與內攝幾乎同等重要。

榮格堅持投射的功能之一是導致主體與客體分離，但這會致使主體孤立，因此這一點造成了類似的爭議。克萊恩學派著重於對客體進行防衛性控制，此乃藉由投射性認同所完成，此觀點強調要對任何可能的分離進行消除（參見 *participation* mystique **神祕參與**）。

投射性認同
projective identification

參見 *participation mystique* **神祕參與**。

未來性的觀點
prospective viewpoint

參見 teleological viewpoint **目的論的觀點**。

心靈／心理
psyche

　　如《榮格全集》的譯者所提，這個術語被榮格用來與德文的 *Seele* 交替使用，因為後者在英文中沒有單一對應的詞（CW12, para. 9n）。

　　他對心靈的基本定義是「心靈歷程的總和，包括意識與潛意識。」（CW6, para. 797）榮格傾向以此描繪**分析心理學**所感興趣的研究範圍。這與哲學、生物學、神學，以及只侷限於研究本能或行為的心理學不同。這本質上有些同義反複的（tautological）定義強調了心理探索時的特別問題：主觀與客觀興趣的重疊。榮格經常提及「個人推論偏誤」（personal equation），亦即觀察者的人格與背景會對其觀察造成影響。除了意識與潛意識歷程的連結之外，榮格特別將個體內部的個人與**集體**元素間的重疊和張力包含在「心靈」之內（參見

unconscious **潛意識**）。

　　心靈也可被看作對現象的視角。它的首要特質是對深度與張力的關注，及因此而來的經驗與單純外在事件之間的差異（參見 depth psychology **深度心理學**）。「靈魂」一詞在此變得重要，它與榮格用以表達深度視角而非基督教的傳統態度有關（參見 anima and anumus **阿尼瑪與阿尼姆斯**）。接著是心靈的多元性與流動性，心靈內部相對自主部分的存在，以及它透過意象與聯想跳躍來運作的傾向（參見 association **聯想**；complex **情結**；image **意象**；metaphor **隱喻**；personification **擬人化**）。最後，心靈作為一種視角，它包含了對模式與意義的暗示，它指的雖非既定的宿命論，但仍能在個體身上清楚看見。

　　說到心靈的多元性，就會引起與心靈結構有關的討論。榮格藉由**兩極**來組織個人想法的傾向，使他測繪心靈地圖的方式稍嫌簡化。例如，**阿尼瑪與阿尼姆斯**平衡了**人格面具**，**自我**與**陰影**兩兩成對，而定義自我與**自性**的方式則強調了兩者的互補性。另一方面，榮格對於心靈的想法也具備系統觀且富彈性，他認為某一個點的發展會對整個系統產生連鎖反應。我們看到的，是榮格對結構與動力的觀點，兩者間存在著一種張力。某種程度來說，這被榮格關於心靈的描述給解決了，他認為結構是為了運動、成長、改變與轉化而設的。榮格指出，這些人類心靈的能力是其顯著的特質。朝向自我實現的演化傾向因此鑲嵌在所有心靈的歷程中。但這個想法帶來了問題。人要被視為從某些原始、潛意識的完整性狀態中發展而成，

並日漸實現自己的潛能嗎？或被視為多少遵循著規律往某個為他所設的目標移動，成為一個「他注定要成為的人」？（參見 teleological point of view **目的論的觀點**；wholeness **完整性**）或人是以混亂任性的態度前進，從一個危機到另一個危機，並奮力把發生在自己身上的事給搞清楚？要說上面這三種可能性都混在一起是簡單的，但每一種可能性都有自己的心理影響與貢獻。加諸其上的權重在自性與**個體化**的爭論上都扮演著關鍵角色。

心靈就像多數自然的系統，例如身體那樣，掙扎著保持自身的平衡。即便有不快的症狀、可怕的惡夢，或似乎無解的生活問題，也不妨礙它這麼做。如果一個人的發展是片面的，心靈內部就會包含矯正此事所需要的一切（參見 compensation **補償**；infancy and childhood **嬰兒期與童年**）。過度樂觀或盲信在此都必須加以避免，保持平衡需要我們為此工作，以及在痛苦或艱難之間做出選擇（參見 morality **道德**；symbol **象徵**；transcendent function **超越功能**）。

榮格對心靈本質的猜測使他將之視為宇宙中的一股力量。在生理與精神的存在面向之外，心理也佔據獨立的領域。重要的是這些在心靈中產生的不同面向，它們彼此之間的關係（參見 psychic reality **心靈現實**；religion **宗教**）。榮格對心身關係的想法並未包含心靈是奠基於、起源於、類比於，或關聯於**身體**，而是把心靈視為身體的伙伴（參見 psychoid unconscious **類心靈潛意識**）。他也對非有機的世界提出了類似的關係（參見 synchronicity **共時性**）。

心靈與自性之間的概念重疊可以用下面的方式解決。雖然自性指涉的是人格的整體，但作為一個超越的概念，它也享有矛盾的能力，使自身不同的組成部分產生聯繫，例如自我（參見 ego-Self axis **自我－自性軸**）。心靈包含這些關係，甚至可說是由這類動力組成的。

榮格不斷提到心靈終極的未知性，這成為他樂於涵蓋那些被稱為超心理或通靈現象的最好例子。

心靈現實
psychic reality

這是榮格理論的核心概念，我們可以看到他用不同的方式來處理；作為經驗，作為**意象**，以及作為對**心靈**本質與功能的暗示（參見 objective psyche **客觀心靈**）。

作為經驗，心靈現實擁抱了每件事，包括令人覺得真實的事物或加諸在當事人身上的現實力量。根據榮格的觀點，人是藉著敘述性的事實而非歷史的事實來體驗生活與事件的（亦即「個人**神話**」）。被經驗為心靈現實的東西可能是自我表達的形式，且最終以模控學（cybernetic，譯註：泛指用以研究機器、生物、人類乃至社會等系統的控制、侷限與發展的學科。此處是將人的心靈類比於高度複雜並能彼此回饋的機器或訊息系統）的方式來促進心靈現實的層次進一步堆疊增長。關於此事的具體例證可以在**潛意識**將其內容物擬人化的傾向中找到（參見 personification **擬人化**）。從此而來的形象

在該意義上變得真實，會對**自我**帶來情緒的影響，也會經歷變化與發展。擬人化對榮格來說，是心靈現實的實證性演示。

意見、信仰、念頭與幻想的存在，並不意味著它們所指稱的東西就會按其宣稱的方式與程度那樣正確。兩個人的心靈會因描繪方式而有顯著的不同。一個妄想的系統，即使心理上是真的，也不具備客觀的有效性。然而，那也和**沒有任何事**存在，或**沒有任何事**為真這樣的說法不同。

在第一種用法裡（亦即現實的主觀層次），心靈現實與假想的外部世界或客觀現實的關係具有臨床上的重要性，而非理論上的。

作為意象。一般而言，現在普遍同意**大腦**的結構（其神經生物學組成）以及文化脈絡會影響我們感知到的事物，尤有甚者，會影響我們對感知的詮釋。

個人的偏誤與慾望同樣也被認為扮演了扭曲的角色。這些因素使人質疑「現實」與「幻想」的傳統區別，在此點上，榮格採取的是柏拉圖式唯心主義哲學的傳統。他的觀點可以拿來與佛洛伊德相比，後者具有主體現實可被發現並科學地加以測量的信念，且對「心靈現實」的觀點從未超出這個主張。

榮格是最早指出下列觀點的人之一，他認為所有**意識**都是間接性質的，被神經系統及其他心理感官歷程調節，更不用提語言運作了。經驗，例如疼痛或興奮，就是以次級形式（譯註：亦即間接形式）傳達給我們的。在榮格的字典裡，這明指著意象，以及內部與外部世界是透過意象且作為意象來體驗的（參見 metaphor **隱喻**）。

內在與外在世界的想法本身就是隱喻性的意象。除非心靈現實允許，否則這樣的空間實體並不存在。榮格是在廣泛的意義上使用「意象」這個術語的，意味著刺激與經驗兩者之間缺乏聯繫。使用這個詞的時候，身體的表現以及整個物理世界也可被視為意象，因為它是在意識中被經驗到的（參見下文）。意象就是直接把自身呈現給意識的東西。易言之，我們是透過與意象的相遇才覺知到我們的經驗。

這些論點使榮格得出結論，由於心靈現實是由意象所組成，因此它是我們唯一可以直接體驗的現實，此觀點使得引介「心靈現實」的第三條路變得可行。

作為心靈本質與功能的意涵。根據榮格的說法，心靈（與心靈現實）功能是物理與精神領域之間的中間世界，它可使兩者在其中相遇並交融（參見 spirit **精神**）。此處出現了一個德文的翻譯問題，因而有必要補充一下。這邊的「物理」同時意味著物質世界的有機與無機兩個層面，而「**精神**」則包含被發展過的思想與認知。這意味著心靈顯然位於中間地帶，一邊是感官印象和植物、礦物的生命等現象，另一邊則是智性與精神的思維能力（參見 fantasy **幻想**，它也被認為是第三因素，在智性與物質／感官世界之間起作用）。對心靈現實這個想法的接納，會讓我們不再輕易接受下面的固有想法，亦即看似存在根本差異的心智與物質，或精神與自然之間一直有天生的衝突。

榮格提出了一個例子來做比較，怕火與怕鬼。就心靈現實而言，火與鬼（顯然完全不同）佔據了相同的位置，也以同樣的方式啟

動我們的心靈。他謹慎地指出這種說法，但並未去談物質（火）或精神（鬼）的終極起源；這些事物跟以前一樣依舊處於未知。雖然榮格並未反對接觸火的負面後果通常與接觸鬼的後果不同，但正是**恐懼**的現象使我們能夠理解何為心靈現實。

從其接受物質不分有機與無機的這方面來說，榮格對心靈現實的觀點比起他對**類心靈潛意識**或**共時性**的假設更具全面性。前者強調了心理與生理歷程的重疊，後者則將心靈與物質混雜起來討論。雖然有機／無機的區別很值得強調，但心靈現實擁抱一切的本質，在後設心理學類別中，可能可以更精確地與**一體世界**的觀點做比較。

精神分析
psychoanalysis

絕大多數讀者都很熟悉佛洛伊德與榮格兩人的關係發展：榮格在 1900 年讀到《夢的解析》（ *The Interpretation of Dreams*, Freud, 1900），並在 1903 年重讀；榮格於 1906 年寄了一份他的《字詞聯想研究》（ *Studies in Word Association* ）給佛洛伊德並展開通信；信件往來這件事對雙方來說很快就變得相當重要；他們在 1907 年碰面後談了十三個小時；佛洛伊德將榮格視為精神分析王國的太子（佛洛伊德比榮格年長十九歲）；榮格的非猶太人身分對佛洛伊德來說是一份禮物，因為他擔心精神分析會變成一門「猶太人的科學」；他們在 1909 年共同訪問美國；個人關係的緊張和概念上的爭議開始蔓延；1912 年榮格發表

《力比多的轉化與象徵》（*Wandlungen und Symbole der Libido*，該書後來取名《轉化的象徵》〔*Symbols of Transformation*, CW5〕）時，兩人的關係已經出現困難；榮格預期該書的出版會為他們帶來最後的決裂；而決裂果然發生在 1913 年。在此之後，榮格將自己的心理學取向命名為「分析心理學」（參見 analytical psychology **分析心理學**；depth psychology **深度心理學**）。

這兩人相互影響彼此。佛洛伊德提供榮格一個有著堅強信念和道德勇氣的父親形象，這個經驗是榮格所缺乏的（Jung, 1963）。其次，佛洛伊德的想法提供了榮格可供探索與批評的結構框架。此外，榮格接受了衣缽繼承者的地位。最後，身為對榮格臨床工作及其所包含之一切的評論者，佛洛伊德對榮格具有相當的影響力。正如佛洛伊德所看見的，榮格對精神分析的貢獻已由帕帕多普洛斯（Papadopoulos, 1984）總結如下：

(1)・引介了經驗性、實驗的方法（參見 empiricism **經驗主義**）。

(2)・提出**情結**的概念。

(3)・建立培訓分析師的制度。

(4)・對方法學與人類學的擴大運用（參見 amplification **擴大法**；myth **神話**）。

(5)・精神分析的理論與治療在**精神病**上的運用（參見 psychotherapy **心理治療**）。

對於佛洛伊德與榮格兩人的決裂，支持者的評價非常兩極。某些堅定的支持者視這次決裂使純粹的理念得以各自保存（Glover, 1950;

Adler, 1971）。其他人則認為這是一場災難，佛洛伊德與榮格原本相互平衡的影響就此喪失（Fordham, 1961）。有許多人解釋這場決裂的發生，心理傳記則提供了進一步的猜測，包括同性戀問題、父子衝突、榮格對性慾問題的難以因應、佛洛伊德的權力情結、兩個人的**類型學**等等。佛洛伊德與榮格有時也被認為是從兩個不同的世界觀來寫作的。

我們可以指認出以下六點分歧，它們在榮格後來的想法中佔了絕大部分，而且描述了精神分析與分析心理學持續存在的差異。

第一，榮格不同意佛洛伊德僅以性慾來解釋人類動機。此觀點導致他修正佛洛伊德的力比多理論（參見 energy **能量**）。

第二個分歧是榮格不同意佛洛伊德對**心靈**的總體觀點過於機械論與因果論。他認為人類並不依類似物理或機械的原則過活（參見 reductive and synthetic methods **還原與合成法**）。

第三，榮格批評佛洛伊德對「幻覺」與「現實」之間的區分過於嚴格。在他的著作中，榮格關切的是個人所經驗到的心靈現實（參見 psychic reality **心靈現實**）。在此脈絡下，潛意識並未被視為敵人，而是某種具有助益與創造力的潛能（參見 teleological point of view **目的論的觀點**）。舉例來說，在榮格的觀點中，夢不再被認為多少帶著欺騙的意圖，而是需要我們破譯的謎語。此外，夢被斷定為會如實顯露心靈的潛意識情況，這點常和從屬意識的情況不同（參見 compensation **補償**）。在夢觀點的差異背後，有著處理**象徵**與**闡釋**的不同方法（參見 opposites **兩極**；transcendent function **超越功能**）。

第四個分歧是人格構成中的先天（結構）因素與環境的平衡。每個人對此平衡的感知都不相同。榮格後來完善了他有關天生形式的說法，但一個有趣的推測是，佛洛伊德如果繼續發展他對某些從未被意識到的潛意識元素的看法，可能也會引導出諸如「**原型**」的概念（Freud, 1916-1917）。此外，佛洛依德於 1920 年代對其理論進行大幅修正前後，都強調潛意識是一個儲藏庫，貯存著一度意識到卻受壓抑的素材（Klein, 1937）。同樣地，佛洛伊德早期曾將「原始幻想」指為「譜系學的稟賦」，但在其後續想法的解釋中並未加以強調（同上書，pp. 370-371）。

第五，對良知與道德起源的觀點，雙方的分歧隨著時間日益尖銳（參見 morality **道德**；super-ego **超我**）。

第六個分歧是關於伊底帕斯情結在人格發展上的關鍵地位。榮格強調母嬰之間的初始關係（參見 infancy and childhood **嬰兒期與童年**；object relations **客體關係**）。

榮格在反對佛洛伊德的某些觀點時，展現了絕佳的先見之明，因為他預見了其他觀點的發展將在精神分析內部造成演變（參見 Sameuls, 1985a）。榮格貢獻中的開創性本質，使人質疑那些曾加諸在他身上有關「言行不一」（credibility gap）的指控（Hudson, 1983）。

分析心理學確實從精神分析處借用了許多觀點。榮格本人對精神分析的印象似乎一直停留在他離開精神分析運動的時候。這使他的批評在今日看起來太過簡單，他偶爾也會因為過於依賴他所知的精神分析觀點而犯錯（參見 ego **自我**）。當代的分析心理學家對精

神分析倚賴最深的部分是分析技巧以及早期發展的連貫模式（參見 analyst and patient **分析師與病人**；infancy and childhood **嬰兒期與童年**；object relations **客體關係**）。寇胡特（Kohut）的自體心理學也正成為一股重要的影響力。

榮格為巴賽爾大學（Basle University）的學生討論團體寫的論文已在近期發表（1983），這在相當程度上公開了佛洛伊德對榮格影響力的問題。當時（1896-1897），榮格從未聽過佛洛伊德。在對這些演講深入研究之前，分析心理學的基礎被假定僅只仰賴精神分析內部。榮格許多後期的興趣都可在這些演講中找到早期的表達，而我們也能從其中找到榮格研究的概念背景中最為清楚的畫面。1897 年，榮格讀到一篇名為〈對心理學的一些想法〉（*Some thoughts on psychology*）的論文。他在此處引用康德（Kant）與叔本華（Schopenhauer）的觀點來設定基本背景，進而討論了超越身體的「**精神**」以及「另一個世界」的存在。這些觀念相當類似於後來自發心靈原則的理論；這是大於我們意識的**靈魂**。在後來的發展中，這些種子開花成為榮格的心理**能量**理論與**自性**的概念。

總結來說，就如馮・法藍茲（von Franz）在其為《左芬吉亞演講錄》（*the Zofingia Lectures*）中寫的引言那樣：「榮格在此處間接地提到了潛意識心靈的想法。」甚至將「潛意識」的行為敘述成帶有目的性（參見 teleological point of view **目的論的觀點**），並且位於時空邏輯之外（參見 synchronicity **共時性**）。然後榮格對降神術與心靈感應現象劃定了領域，藉以鞏固他之後所命名的**心靈現實**。演講以懇請人們在科

學中保持道德感作結（*此處譴責了活體解剖*），同時懇請人們允許**宗教**存在其非理性的層面。

除了前面已提到的哲學家之外，尼采（Nietzsche）對榮格也有很大的影響力。而榮格的研究立場則站在柏拉圖式的傳統。進一步考量佛洛伊德以外的人士對榮格的影響力時，弗洛努瓦（Flournoy）（譯註：指的是日內瓦大學的心理學教授 Théodore Flournoy，1854-1920，熱衷於研究超心理學與唯靈論）與布魯勒（Bleuler）的名字也應被提及。後者是榮格在蘇黎世（Zurich）伯格霍茲里（Burghölzli）精神病院的主管，榮格在那裡從 1900 年任職到 1909 年（參見 word association test **字詞聯想測驗**）。布魯勒創造了一種氛圍，在那氛圍中佛洛伊德的想法很受歡迎而且被積極地使用。直到 1908 年，布魯勒都被佛洛伊德認為是精神分析運動中最重要的追隨者。然而，榮格被佛洛伊德說服，轉而認為布魯勒彼此矛盾而且不值得信任，因此兩人的聯繫逐漸受到侵蝕。榮格在他的自傳中幾乎沒有提到布魯勒（1963），對他的評價似乎也很低（參見 schizophrenia **思覺失調症**）。讓內（Janet）、沙科（Charcot）和詹姆士（James）也被認為對榮格有重要的影響力。

最後，儘管並未支持全部的觀點，但榮格還是運用了馮德（Wundt）與其他德國實驗心理學家在十九世紀晚期的研究工作。

類心靈潛意識／類心靈無意識
psychoid unconscious

榮格在 1946 年首度提出類心靈潛意識的想法。他的構想有三個層面：

(1) 指**潛意識**的或位於潛意識中，完全無法進入意識的層次。

(2) 這個潛意識中最為基礎的層次和有機世界有相同的屬性；心理與生理世界可以被視為硬幣的兩面。類心靈層次的性質是中性的，既非完全屬於心理也不完全屬於生理。

(3) 當榮格將**原型**的概念應用在類心靈潛意識時，心靈／有機體的連結是以心智／身體的聯繫形式來表達。原型可被描述成光譜，其範圍從生理本能的「紅外線」極，到精神或想像力的「紫外線」極。原型擁抱兩極，且可藉由任一極來經驗及理解。原型的生物學或動物行為學的取向途徑可被視為「紅外線」極；而其神祕學或意象的取向途徑則是「紫外線」極（參見 image **意象**；metaphor **隱喻**；myth **神話**）。

此概念可與**心靈現實**、**共時性**、**一體世界**做對照和比較。

引路神／引靈者
psychopomp

　　係指在**啟蒙**與過渡時期帶領靈魂的人物；這在傳統上被歸為希臘**神話**天神赫密斯（Hermes）的功能，因為祂會陪伴亡者的靈魂並能在兩極中穿越往返（不僅是死亡與生命，還包含夜晚與白晝、天界與人間）。在人類世界中，牧師、薩滿、巫醫與醫師都被認為能夠滿足我們對精神引導與調解聖俗世界的需求。榮格並未改變這個字的意義，但他將之用來描述**阿尼瑪與阿尼姆斯**在連結人與其終極目的、召喚或天命的感受時所扮演的功能，作為連結**自我**與**潛意識**的中介（參見 Self **自性**）。

　　參見 mana personality **魔力人格**。

精神病
psychosis

　　某種未知的「事物」或多或少**佔據**了心靈，不受邏輯、信念或**意志**的影響而強硬存在的人格狀態（參見 dissociation **解離**）。潛意識入侵並取得了意識**自我**的控制，且因潛意識沒有組織或集中的功能，因而造成心靈的困惑與混亂（參見 archetype **原型**）。然而，如果潛意識怪異的隱喻語言能與**意識**溝通，精神病可能具有治療的效果（參見 metaphor **隱喻**；symbol **象徵**）。當這股被釋放的壓抑**能量**可以被有益加以引導時，意識人格就能取得再生力量的新來源。

　　榮格最初是在 1917 年提出這些想法的，但經過多次重新考慮與表達之後，它們代表了以**深度心理學**視角看待精神病的路徑；雖然近幾十年裡，精神病的行為已被證明可由現代藥物控制，但與此狀態相關的心靈狀況卻沒有改變。精神病的發作可能十分突然，即使爆發之前或許已醞釀了很長的一段時間。儘管神經症可能掩蓋了精神病，但神經症所表現出來的材料通常是人們可以理解的，但精神病的情況卻不是如此。後者不受控制的幻想會被放任鬆弛溢流下去。

　　至於精神病的病因學，榮格很費力地說明，他看見了人天生的心理傾向中可能具有導致日後症狀出現的某些決定因子，但那並非精神的唯一原因（參見 pathology **病理學**；schizophrenia **思覺失調症**）。如果遇有某種精神病的狀況適合接受心理治療的話，他可能會試著充分強化當事人的**自我**，以使心靈內容得到整合。如果放任不管，榮格的觀點是，象徵的過程有很高的機率會持續混亂與失控。雖然對一個外人來說，例如分析師或精神科醫師，要弄懂精神病的囈語經常是有可能的，但心靈慣有的補償機制會被這種方式給打亂，從而讓潛意識意象強力入侵（參見 compensation **補償**）。矛盾的是，潛意識象徵入侵的困惑過程也會發生在強烈的創作靈感與對宗教的皈依時；但在這兩種情況下，都有一個夠強大的非個人容器（**藝術品**或**儀式**）來維持穩定性與目的感，直到個人的平衡恢復及**意義**變得明顯（參見 initiation **啟蒙**；religion **宗教**）。

心理治療
psychotherapy

對**心靈**的治療；將**分析心理學**方法應用於治療時，它會藉由探索**潛意識**來進行。心理治療被視為相對現代的術語和實務工作，但它卻近似古老的療癒儀式（Ellenberger, 1970）。當榮格將之定義為對**靈魂**的治療時（CW16, para. 212），我們必須提醒自己，他所指的是宗教實務以外的東西。同樣地，雖然和醫學有關，但心理治療的領域是**神經症**，它與**精神疾病**或神經障礙不同。榮格在 1941 年對同事演講時（是他生涯中相對較晚的時期，時值世界大戰）曾提出聲明，心理治療的工作是專心一志地追求個體發展的目標，而他將源頭追溯到各種能使「一個人成為他一直以來的樣子」的回復儀式上。

當代心理治療自精神分析中孕育，並大量地從佛洛伊德學派的方法論中衍生而出。但是，正如榮格發展出了個人理論，分析心理學家的晤談室裡也開始出現不同觀點。然而，心理治療仍舊是兩人之間的對談（參見 analyst and patient **分析師與病人**）。因為心理困擾中的每件事都會纏附在一起，使整個人都受到影響，因此心靈不能被區分開來治療，它是兩個心靈系統彼此作用與回應的辯證過程。

心理治療師不僅是治療的媒介，也是參與工作的伙伴。他處理具有多重含意的象徵表現，或至少來說，是帶著誘惑的象徵表現。這需要治療師本人具有「道德分化」（moral differentiation）的能力，因

為有神經症的心理治療師會不可避免地在病人身上處理他自己的神經症（CW16, para. 23；也可參見 Guggenbühl-Craig, 1971）。

治療師自身的人格處於心理治療歷程最重要的位置，它可以是治療性或傷害性的因素（參見 analyst and patient **分析師與病人**）。治療工作奠基於這樣的原則：當潛意識提供的象徵性片段被意識生活同化時，將會帶來更為健康，也更具「能力」的心靈存在形式，因為它更能完整對應個體自身的人格。在心理治療的過程中，病人的復原過程會啟動自身內富生命力的原型與**集體**內容。神經症的病因被視為意識態度與潛意識趨勢之間的不一致。這種**解離**最終可藉由對潛意識內容的同化與**整合**來連結橋接。**治癒**，正如前所述，就是讓病人成為他真正的自己。

榮格區分了「大治療」（major psychotherapy）與「小治療」（minor psychotherapy），前者處理明顯的神經症或邊緣型的精神病狀態；後者則透過提供意見、好的建議或解釋就可以滿足。在這樣的劃分中，他的想法很接近今日對動力性心理治療與支持性心理治療的區分。他認為無論是醫學訓練或學院心理學本身，都不足以作為心理治療實務的訓練背景，他宣稱「一個人若不能將他人作為一個整體來碰觸，就無法治療其心靈。」因此他深信，治療師的訓練過程必須包含接受完整且持續的治療，他也是第一個堅持此項作法的人。

後榮格學派的治療師更明確地關注於心理治療的實施方式，而在不同的流派之中有明顯的差異（Samuels, 1985a）。受到榮格對大治療與小治療的區分影響，某些分析師會認為分析一詞屬於持續時

間較長、頻率較高的治療工作，而「心理治療」一詞則屬於頻率較低，或時間雖長但沒那麼規律進行晤談的治療工作。然而，榮格本人並未照這種方式來區分，他在方法上更為隨意。他主張治療必須根據個人的自身條件來設計、調整與評估。在遇到有疑問，或以非典型方式來處理時，他會聽從自己與患者的潛意識來做最終決斷。

參見 analysis **分析**；psychosis **精神病**。

永恆少年
puer aeternus

永遠的年輕人；指的是一種**原型**，被視為人格中的神經症組成元件，也被視為原型的主導因素，或活躍於人類心靈中尋求聯合的某對極端**意象**之一（這對意象的另一方是**老者**）。

榮格將永恆少年視為孩童原型，並推測其反覆出現的魅力源於人無力自我更新所產生的投射。冒險脫離自身起源的能力、永遠處於發展的狀態、以純真來獲取救贖，以及想像全新的開始，這些都是這位新生拯救者的特質。永恆少年的形象在作為使交戰的**兩極**得以和解的可能性時，會變得很有魅力（即使對現實生活中的他自己來說也是如此）。

當我們把永恆少年視為人格障礙時，它最引人注目的特點是他對**精神**的過度強調。馮‧法藍茲（von Franz, 1971）使用少年（*puer*）這個詞來描述難以安定下來、缺乏耐心、無法和他人建立連結、理想

化、總是重頭來過、似乎不受年齡影響、過於單純不諳算計、任由想像力飛翔的那些男人。

但是永恆少年也有其正向的一面。隨著導致短暫生命的長久青春期，希爾曼（Hillman, 1979）在少年中看見了這樣的景象，「我們自身的第一種天性，我們原始的黃金陰影……我們作為神聖使者、天使般的本質。」他總結道，少年賜予了我們對命運的感受與意義。

對應於女性的特質與意象才剛開始被觀察與探索（例如 Leonard, 1982）。

重生
rebirth

一種超越及／或轉化的心靈體驗，該體驗無法自外部的視角觀察，但仍是可由體驗者所感知且證明的現實（參見 psychic reality **心靈現實**）。它是與**轉化**的**原型**相遇後所產生的主觀結果。

超越的經驗與神聖的更新儀式有關連，不論是**啟蒙**的過程或其他宗教及聖禮儀式皆是如此（參見 ritual **儀式**）。**幻象**、神祕或其他類似的事物，多少都有一點相似的效果，儘管當事人的本質並未改變，但參與其中的觀眾也會被包含在內。他可能會震撼於它的美麗，或甚至為之狂喜，但他並不會在這樣的存在狀態中表現出持續的改變。

另一方面，主觀的**轉化**則包含了一個人於存在層面上的根本變化，可能是精神病理學上的（舉例來說，**心智水準降低；認同；膨脹；佔據**），也可能與藥物、咒語、催眠或其他魔法儀式所引發的意

識狀態改變有關（參見 magic **魔法**）。但它們也會發生在**個體化**的自然歷程中，當事人會感到自己以「更大的」人格重生了。

傳統上，由更大的自性所擬人化而成的內在形象可以從**投射**中找到。它可由煉金術士之石、基督、異教神祇、印度導師、嚮導、領導者或其他的**魔力人格**來代表。榮格曾藉由解釋伊斯蘭神祕主義者希德爾（Khidr）的形象來描繪重生的歷程（CW9i, para. 240ff）。他說，這類故事抓住了我們，因為它們都表達出轉化的原型且與我們潛意識歷程相近。

還原與合成法
reductive and synthetic methodsc

榮格對因果論與決定論在人類心理學的運作感到質疑。

> 個體的心理絕不可能由他自己單獨一人的過去給窮盡⋯⋯
> 沒有任何心理事實可用因果性來單獨解釋；作為活生生的
> 現象，它總是與關鍵過程的連續性有不可分割的聯繫，因
> 而心理事實不僅是某種進化過的事物，也是持續在演化與
> 創造的事物。（CW6, para. 717）

榮格使用「還原」一詞來描述佛洛伊德企圖揭露原始的、本能的嬰兒期基礎或心理動機根源的方法。榮格對還原法多有批評，因

為潛意識產物（症狀、**夢**、**意象**、口誤）的完整**意義**無法因還原法而揭露。藉由將潛意識產物與人的過去相連結，個體的當下價值可能會因此遺失。榮格更進一步反對還原法過度簡化的傾向，它忽視了他所看見的深層意義。特別是還原的解釋法會以過於個人化的詞彙來表達，與被認為是「屬於個案的事實」連結得太過緊密。

榮格對引領一個人生命的事物更感興趣，而非造成他情況的假設原因。他採取的是「**目的論的觀點**」。榮格將這樣的取向稱為「合成」，意指具有首要意義的事物會在起點中出現。為了發展這個想法，他主張病人告訴分析師的內容不應被視為歷史事實，而應視為主觀的事實（參見 psychic reality **心靈現實**）。因此，雖然關於性騷擾的陳述或宣稱對此事件的目擊十分可能是幻想，但對牽涉其中的人而言，卻是心理上的「事實」（參見 fantasy **幻想**）。

榮格曾指出，合成法在日常生活中被視為理所當然，因為我們在日常生活裡會傾向忽略嚴格的因果關係，舉例來說，如果有某人想表達自己的意見，我們會想知道他指的意思，以及他想表達的內容。使用合成法必須包含對心理現象的顧慮，如同它們有自己的意圖和目的那樣，亦即根據其目標定位或目的來考慮。要授予**潛意識**掌握知識，或甚至預知未來的權威（CW8, para, 175）。這樣的方法和榮格對**兩極**的基本觀點一致，亦即不論相隔多遠，對立的雙方都會不斷朝向或尋求合成（參見 coniunctio **合化**）。

有必要強調，榮格從未迴避對嬰兒期與童年的分析，他認為在某些情況下這是很重要的，雖然也很侷限（CW16, paras140-8）。還

原與綜合法可以共存。舉例來說，幻想可以用還原法加以解釋，作為造成個人情況起因的摘要。它也可以用象徵的、合成的視角來解釋，作為對未來心理發展圖像的勾勒（CW6, para. 720）。參見 symbol **象徵**。

其實榮格對待還原法的立基點不太公平，還原法所需要的不僅只是某種檔案管理員的心態。這個問題並非只是簡單地對嬰兒期事件進行重建，而是得使用想像力去反思此類事件的意義。分析心理學家偶爾也會犯下以粗糙的還原法來使用原型與情結的錯誤。

某些當代精神分析師也和榮格一樣，對還原法有相同的批評（Rycroft, 1968; Schafer, 1976）。作為心理解釋法的原則之一，因果關係的有效性如今很值得商榷。

反思
reflection

榮格指出了本能活動中的許多領域（參見 archetype **原型**；life instinct **生命本能**；transformation **轉化**），而反思就是其中之一。它的意思是：自意識處回頭或轉向內在，以使心中的審慎想法能夠對客觀刺激帶來的立即且突然發生的反應加以干預。這份審慎的效果很難預測，由於反思是自由為之的，它所帶來的結果可能朝向個體化或與之相對的回應。反思「再次強化了激化的過程」，會使當事人在展開行動之前先行推動一系列內化、內在的心靈意象。透過反思

的本能，刺激變成了心靈內容，一種可藉由將原先的自然或自發歷程，轉化成意識與具創造力之歷程的體驗。

榮格也發展了這樣的假設：反思雖然是意識導向，但在其**潛意識**裡同樣有潛在的對立面，因為**所有**的體驗都以心靈意象的方式來反思（參見 image **意象**；psychic image **心靈現實**）。這樣的假設在邏輯上承接了榮格的**原型**與**情結**理論。然而，雖然反思的過程是本能的，但其自身主要是意識的活動，包括把**意象**（以及隨之而來的情感）帶到決策與行動的臨界值上。

從心理學上來說，反思是「產生意識」的行動。榮格將反思說成是「最卓越的文化本能」，它的優勢會展現在**文化**上，使文化對自然顯現其優越性並在後者面前維持文化自身的力量（CW8, para. 243）。然而，若將反思留在接近本能的層面，反思會自動發生。早期的研究使用**字詞聯想測驗**證實了此點。然而，當其提升至意識的覺知時，反思就會從衝動的行為轉化成同時帶著目的與個人導向的行為。

是反思讓**兩極**的平衡變得可能。但若要讓這件事發生的話，我們必須認識到意識比起知識懂得更多，而反思的歷程也必須被當作「看向內在」的過程來接受。我們個人的自由會在此處被顯著地表現出來。反思使人和**夢**、**象徵**、**幻想**彼此聯繫。

正如榮格指出**阿尼瑪**會為男人的意識帶來關連性，他也主張阿尼姆斯會帶給女人的意識反思的能力、審慎的態度以及關於自我的知識。在這兩項原則之間的張力並非二擇一，但會顯現出對抗與**整**

合的需要，它將以雙方關係的**轉化**來創意地展現自身。榮格在他來到生命的終點時，寫下了這些東西以表達自己：「在這一點上，事實迫使我注意到，在反思的領域之外，還有可能更為寬廣或同樣寬廣的領域，理性的理解和理性表現方式在其中很難找到它們可以掌控的東西。這就是**厄洛斯**的領域。」（1963）

退行
regression

　　榮格對退行的態度與佛洛伊德有顯著的不同。對後者來說，退行（譯註：精神分析學派將該詞稱為「退化」，從譯名就可看出其觀點間的差異）幾乎都是負面的現象。即使是作為防衛方式，它也經常是失敗的（才剛離開油鍋，就又進入火中〔Rycroft, 1972〕）。退行是某種必須被擊退與克服的現象。從 1912 年起，榮格就堅持退行階段也具有治療與人格強化的層面（但並未否認持續且無生產力之退行的有害本質）。退行可被視為一個再生的，或帶來接續進展之前的緊縮時期。故而**分析**與**心理治療**可能要去支持退行，甚至「達到出生前的水準」。馬杜羅與惠爾萊特（Maduro and Wheelwright, 1977）總結了榮格的說法，認為他倡導「移情內的創造性退行」（參見 analyst and patient **分析師與病人**）。

　　亂倫幻想可被視為特殊的退行形式；一種與存在的基礎接觸的企圖，而這是由其父母親的形象所代表的。這樣的退行若要有價

值，最終他就必須持續存活下去。退行中固有的代價或**犧牲**，是損失與父母親形象融合後所提供的安全感。榮格強調退行後帶來的進展，與他對死亡及重生的強調一致（參見 death instinct **死亡本能**；incest **亂倫**；life instinct **生命本能**；transformation **轉化**）。

當代的精神分析修改了佛洛伊德相對嚴格的觀點（也就是 Kohut 在 1980 年所稱的「成熟道德」）。克里斯（Kris, 1952）創造了「退行中的自我服務著自我」的口號；巴林特（Balint, 1968）稱之為「良性的退行」；溫尼考特（Winnicott, 1971）則寫到「幻覺寶貴的休憩之所」。

宗教
religion

榮格對於宗教的陳述已經從許多觀點被審視過，也經歷過醫學、心理學、形上學和神學角度的調查。他被檢查是否在研究中存有主觀偏見的證據，以及迴避承認某種信條。然而，在他的著述之中，榮格一直保持一致性。對他而言，宗教是一種心智的態度，對特定力量的謹慎考量與觀察；靈體、惡魔、神祇、法律、理想，或者是對任何足以充分感動某人的態度，使他為之崇拜、服從、敬畏、愛戴。以榮格的話來說：「那麼，我們可能會說，『宗教』一詞指的是**意識**所獨有的態度，而它會被**靈啟**經驗所改變。」（CW11, para. 9）

　　然而各種批評者，特別是神職人員，卻持續質疑榮格，因為他堅定拒絕說明靈啟本身源於何處，除了表示它相當於個體的**上帝意象**，以及原型會激起表達，且被表達後會採取可識別之形式的傾向之外。榮格觀察到，這個形式接近於歷來人類與所謂神聖之間的關係特徵（參見 archetype **原型**）。他感覺人類天生有宗教傾向，宗教的功能與性或攻擊的本能一樣強大。作為心靈表達的一種形式，在榮格的觀點中，宗教也是適用於心理觀察和**分析**的主題。

　　確立心理學的立場後，榮格費力地澄清宗教指的並非法規、綱領或教條。他說道：「上帝是一個謎。而我們所說的關於祂的每件事，都是由人類所述說和所相信的。我們製造了意象與概念，當我談及上帝時，我指的總是由人類自己所造的**意象**，但沒人知道祂是什麼，否則他自己就是上帝了。」（1957）

　　而那承載了上帝意象的心理學載體，榮格則稱之為**自性**。他將之視為某種人格中的秩序原則，反映個體中潛在的完整性，敦促能夠增益生命的各種相遇，並驗證**意義**。他指出，幾乎任何把一個人跟這些屬性予以聯繫的事物都可以作為自性的**象徵**，但某些歷史久遠且基本的形式，例如十字架與**曼陀羅**，則被確認為是人類最高宗教價值的集體表達，亦即十字架象徵人類與神聖之終極對立所帶來的張力，而曼陀羅則代表對立的解方（參見 opposites **兩極**）。在心理上，榮格視**超越功能**為藉由象徵形成（symbol formation）來完成的人類與上帝之連結，或一個人與其終極潛能之間的任務。

　　自我被要求回應自性命令的想法，是榮格**個體化**概念的核心，

那是一個人完滿自身的歷程。這樣的完滿具有宗教的重要性，因為它為個體的努力傳遞了意義。榮格覺得，所有的生命都需要將相異且彼此衝突的衝動匯集一處並尋求解方。只有當活潑且有效的宗教態度存在時，他才認為個體與集體心靈之間的聯合存在著可能。

榮格在談及他的個人宗教觀時寫道：「我不**相信**，但我確實**知道**有某種力量，它具有高度的個人本質且帶著不可抗拒的影響力。我稱它為『上帝』。」（1955）在明確談到基督教時，他稱他自己為路德派與新教徒。在他的自傳中，他傳達出他不僅想為基督教的訊息打開大門，更認為基督教對西方人來說至為重要。然而他也強調，我們要以新的眼光來看待基督教，並根據當代的精神加以修正。否則，他認為基督教就會與時代脫節且毫無建設性的效果。他承認自己的宗教觀是它會將我們與永恆的**神話**相聯繫，但也正是這樣的聯繫才使宗教具有普世性以及對人類的有效性。

儀式
ritual

一種帶有宗教目的或意圖的服務或儀式，無論其目的或意圖是有意識的或**潛意識**的（參見 enactment **行動展現**；religion **宗教**）。儀式的演出是基於神話與原型的主題，會象徵性地表達後者的訊息，儀式會完全地含括一個人，對個體傳達出強化過的**意義**感，同時也仰賴與時代**精神**一致的表現形式（參見 archetype **原型**；myth **神話**；

symbol **象徵**）。當個體與**集體**的儀式不再體現時代的精神時，就會尋求新的原型表現形式，或對舊形式給予新解釋以補償改變後的**意識**狀態。

當一個人從他改變期的某狀態過渡到另一個狀態，而使**靈啟**這個不可預知的力量威脅到他的心理平衡時，儀式的功能會成為**轉化**用的心靈容器而存在（參見 initiation **啟蒙**；marriage **婚姻**）。榮格相信，人會在儀式中表達出他最重要且基本的心理情況，如果未能在此時提供適當的儀式，人就會自發且無意識地制訂儀式來守護人格的穩定性，以避免心理情況在過渡時期受到影響。然而儀式本身並不會影響轉化，它僅僅是涵容後者。

榮格對儀式的興趣促成了他的非洲、印度以及美國西南方的印地安部落之旅。他特別受啟蒙儀式所吸引，並在其中發現它們與個體在不同**生命階段**的心理歷程與進展具有相似之處。與病人工作時，他觀察到對儀式的依賴在每次意識擴展時都會出現。他對移情心理學的研究（CW16）可視為對心理變形之儀式象徵的**闡釋**。

人類學家與比較宗教學的學者伊里亞德（M. Eliade），是榮格在此領域的研究來源與同事。亨德森（Henderson, 1967）曾將啟蒙儀式與臨床發現做過連結，佩里（Perry, 1976）亦然。

犧牲
sacrifice

　　榮格在有關犧牲的著作中很坦白地揭露了他自己的神學。犧牲一詞的一般用法有兩種意義：一個是放棄，另一個則是背棄。當思及其心理意義時，兩者都和犧牲有關，但都未能充分說明這個詞的原始意義，亦即使之聖化、變得神聖。放棄的行為等同認知到位於當前意識之上的秩序原則。

　　榮格承認，在生命的某些時刻，我們每個人都會被要求做出犧牲；亦即拋棄原先珍視的心理態度，不論是神經症或其他。無論如何，此要求都遠大於臨時性的調整。一個人有意識地放棄**自我**的位置而去選取另一種時，後者似乎擁有更大的**意義**與重要性。當中所涉及的選擇以及從這個觀點到另一個觀點的轉換是很困難的，而榮格將此視為當**潛意識**內容在展現自己，與**兩極**產生衝突時的模式（參

見 transformation **轉化**；initiation **啟蒙**）。犧牲是我們為**意識**所付出的代價。

一個人為犧牲所獻上的禮物象徵他人格與自尊的一部分；然而，誰也不能完全覺知到他當時所做的犧牲究竟有何意義。在神話與宗教的傳統說法裡，獻上的一切都必須被以要毀棄的態度奉獻出去。因此，在考慮此事時，要不去直接或間接地把犧牲與**上帝意象**做連結，那是不可能的。榮格並不把犧牲的必要性視為古代迷信的殘餘，而是作為人類付出成本中的重要部分。若說這是**自性**對個人有所要求，這倒是符合邏輯的回答，但人仍可能持續忽略當中所涉及的關係。

對此交換的分析性覺知，需要我們對心靈的宗教功能有所意識，而許多分析師卻迴避了此點，這或許是因為他們錯誤地將對宗教功能的分析等同於對**宗教**的分析所致。然而，對犧牲的理解使我們證實了，失去也具有存在的意義，而此意義常會倒轉解體（disintegration）的效果。

思覺失調症
schizophrenia

從榮格在當學生的早年時期始，他就對思覺失調症很感興趣（那時被稱為**早發性失智症**）。隨著他發展集體潛意識的概念與原型理論後，他的態度轉向了，他認為一般的精神病，特別是思覺失調

症可以被解釋為：（1）**自我**被集體潛意識的內容給淹沒了；（2）分裂的一個或多個**情結**支配了人格（參見 archetype **原型**；unconscious **潛意識**）。

此事的關鍵意義是，思覺失調症的說話方式與行為可被視為有意義的，只是得弄清楚其意義為何。這是**聯想**技術首次被使用之處，接著是**擴大法**，後者被當成將臨床材料與文化及宗教母題相結合的方法。他藉著聯想與擴大法分析了一個思覺失調症案例的前兆，導致在《轉化的象徵》（*Symbols of Transformation*）出版後，和佛洛伊德最終決裂（CW5）。

但思覺失調症的病因是什麼呢？榮格思想的演變透露了他的不確定性。他很清楚思覺失調症是一種心身疾病，那會帶來身體的化學變化與人格扭曲，這兩者是交織在一起的。問題是哪一個才應被視為主因呢？

榮格的上司布魯勒（Bleuler）認為，某種身體產生的毒素可能是導致心理障礙的原因（參見 psychoanalysis **精神分析**）。榮格的關鍵貢獻是充分評估**心靈**的重要性來翻轉上述推論：亦即心理活動可能會導致身體的變化（CW3, para. 318）。但是，榮格也曾經藉由一條天才的公式，來試著結合他的想法與布魯勒的推論。亦即某種神祕的毒素可能存於我們體內，然而它只會在心理環境合適的時候產生破壞效果。另外，一個人可能天生就有產生此毒素的傾向，而這無可避免地會沾附在一個，甚至多個情結之上。

　　思覺失調症除了是天生、神經症的異常之外，還有其他成因，這樣的觀點在當時是革命性的。榮格認為它的成因是位於整體心身框架之內的心理因素（這是榮格的最終立場，CW3, paras 553ff.），這使他提出了採用心理治療方法（**心理治療**）的主張。在治療**背景**中，對思覺失調症溝通方式的解碼與治療形成了由賓斯旺格（Binswanger, 1945）、萊恩（Laing, 1967）所發展的存在分析取向的核心準則，在某種程度上，這些觀點也被當代精神病學肯定。

　　當代一個頗具爭議的看法是，思覺失調症不是真的疾病，而是我們社會對正常與可容忍標準的考量。因此，反對傳統精神醫學的精神科醫師認為，它不過是一種精神病的分類：地圖不是疆域（參見 Szasz, 1962）。榮格的想法沒有走得那麼遠，但他強調「潛在的精神病」比一般人所以為的更普遍，而我們永遠不能用所謂的「正常」來描述一個個體（參見 adaptation **調適**）。一種更進一步改良，也更貼近當代的觀點是，表面的崩潰事實上可能是種突破形式，一種必須的啟蒙，它會引領進一步的發展（參見 initiation **啟蒙**；pathology **病理學**；rebirth **重生**；self-regulation **自我調節**）。

　　榮格對於思覺失調症的經驗似乎主要是其過分誇張的形式（妄想、嚴重的思想障礙、關係意念等等）。他並未寫到太多思覺失調症特有的「**情感**平板」症狀，而此症狀在如今的精神病院中相當顯著。眾所周知，精神疾病會根據文化的轉變而改變其特徵，這也是精神疾病的存在備受爭議的原因之一。舉例來說，1890 年代在德國與奧地利普遍流行的歇斯底里麻痺，可能就與當時鐵路意外保險計

畫的引入有關。

思覺失調症的退縮表現可被視為反應了當代工業社會的無意義與疏離感，尤其是伴隨貧窮而來的極端心理剝奪之經驗。在貧困的社會環境中，要想努力壓住潛意識的蓋子，可以這麼說，那往往意味著任何形式的感情都會被壓抑，或從人格中分裂出去。榮格對此種「急性情境精神病」中的憂鬱元素並未加以探討。此處我們必須將他理解為他那個時代的人（參見 collective **集體**；culture **文化**；society **社會**）。

某些分析心理學家（例如 Perry, 1962；Redfearn, 1978），曾將發展性架構應用於思覺失調症中。思覺失調症的心靈內容依舊保持原型的調性，因為母親未能成功為嬰兒與原型進行調解，亦即對後者用某種方式加以刪減，直至人的層次，以便它們能被整合。這就是為何「平板」狀態會出現的原因，它是潛意識的自我控制形式。與思覺失調症或嚴重受損的病人工作時，分析師需要充分使用他的反移情（參見 analyst and patient **分析師與病人**）。

自性／真我／本我
Self

一種原型**意象**，代表人最充分的潛能與作為整體的人格統一體。自性作為人類心靈內部的統一原則，佔據著心理生活中權威的核心位置，因此也主導了個體的命運。

　　榮格在談到自性時，有時他指的是心理生活的開端；有時他指的是目標的實現。他強調，自性是實證的概念，並非哲學或理論的構想，但其觀點與宗教假設之間的相似性則需要加以釐清。由於人無法將自性的概念與它和**上帝意象**的相似性給區分開，因此，**分析心理學**一直受到兩方的質疑：某一方因其承認自性是人類宗教的本質而表示歡迎；另一方則認為這樣的心理學構想是不可接受的，他們包含了醫師、科學家或宗教教條主義者。

　　榮格寫道：「自性不僅是中心，同時也包含了意識與**潛意識**在內的整個範圍；它是這個整體性（totality）的中心，如同**自我**是意識心智的中心一樣。」（CW 12, para. 44）在生活中，自性要求被承認、被整合與被實現；但我們僅能在如此大的整體性（totality）間把一些碎片吞併吸收進人類**意識**有限的範圍內。因此，自我與自性的關係是一段永無止境的歷程。這段歷程帶著膨脹的危險，除非自我可以保持彈性並有設置個體及意識（以對抗原型與潛意識）界線的能力。自我與自性的終身互動，包含了自我－自性彼此參考（ego-self referral）的持續過程，這是由一個人的生命獨特性來表達的（參見 ego-Self axis **自我－自性軸**；individuation **個體化**）。

　　為了不使自性看起來變得全然良善，榮格強調它應該被比喻為魔鬼，一種沒有良心的決定性力量；倫理的決策則留給人類來煩惱（參見 morality **道德**）。因此，由於自性可能會以**夢**的方式來介入，榮格警告，人必須在盡可能的範圍內，對他所做的決定與行為保持覺知。然後，如果他能以積極的態度回應，就不會僅屈從於**原型**或跟

隨他自身一時的衝動；或者，如果他轉頭迴避，他也會意識到他不僅可能會摧毀掉自身干預的事物，也會摧毀某個價值尚未確定的機會。運用這種區辨力的權力是意識的功能。

根據榮格的概念，自性可被界定為原型的衝動，它促使人去協調、相對化，並調解**兩極**之間的張力。藉由自性，人得以面對善與惡、人與神之間的相異極性（參見 shadow **陰影**）。相異極的互動需要最大程度地運用人類的自由來面對生活似乎並不一致的要求，而對**意義**的發現將會使之成為唯一且終極的仲裁者。牧師質疑，人不需神職人員的中介即可整合此意象的能力，而神學家則批評**上帝意象**同時具有正向與負向元素的觀點。但榮格堅定捍衛自己的立場，他指出基督教對「善」的單獨強調造成了西方人與自身的疏遠及分裂。

自性的象徵經常帶著聖祕性（參見**靈啟**）並傳遞出一種必要感，從而使其在心理生活中具有超越的優先權。它們攜帶了**上帝意象**的權威，而榮格感覺它們無疑就是煉金術士談到的哲人石（*lapis*），從心理學的角度來思考，他們描述的正是自性的原型（參見 alchemy **煉金術**）。雖然他宣稱觀察到了自性在心理表現上的意圖與目的，卻對此目的的終極源頭避而不談（參見 religion **宗教**）。

榮格對自性的理論工作已被延伸和當作發展上的觀念來使用（Fordham, 1969, 1976）。參見 development **發展**。一個原始或最初的自性被假設存在於生命的開端。這個原始的自性包含了一個人可表達出的所有天生且原型的潛能。在適當的環境下，這些潛能從原本的潛意識整體中浮現，進而開啟了一段碎解（*deintegration*）的歷程。它

們尋求與外在世界對應，從而導致了活躍的嬰兒原型潛能，它會與母親的回應相互「配對」（mating），然後重新整合成為內化的客體。這段碎解／重整的歷程將持續終身。

在嬰兒期，由碎解所引發的興奮度需要長期的睡眠週期來重新整合。慢慢地，在消解中出現的自我碎片開始凝聚，並形成了自我。據說原始的自性有它自己的防衛組織，從嬰兒的觀點來看，它會在環境缺乏防衛組織的情況下運作得最為明顯。這樣的防衛保護了自性，不但使其免於外界的攻擊與迫害，也使它免於內爆的恐懼，後者是被不受控制的憤怒所引發，因為它的期待沒有得到滿足，而這樣的剝奪感使它經驗到被攻擊的感覺。

在佛登（Fordham）的觀點中，自性的防衛與自我防衛機制一樣可看作是正常的。但如果防衛持續太久或變得過度堅決，全能感的傾向就會發展起來，從而導致誇大自負與死板僵固；亦即造成自戀型的人格障礙（參見 narcissism **自戀**）。另一方面，也可能導致自閉症（譯註：當前的研究則認為自閉症的起因主要是源於生理，而非心理或教養環境，還請讀者留意）。無論哪種情況，個體都會因為他人感到受迫害，而使當事人從關係的滿足中被切割出去。

諾伊曼（Neumann, 1973，寫於 1956 至 1960 年）進一步延伸了榮格發展論點中的第二個應用。諾伊曼視母親在潛意識**投射**中攜帶了嬰兒的自性意象，或甚至「作為」嬰兒的自性而運作。因為孩子在嬰兒期無法體驗成人自性的特徵，母親因此反映出孩子的自我，或扮演孩子自我的「鏡子」。自性的首次意識經驗源自對母親的感知與

互動。若將諾伊曼的論點加以延伸，嬰兒與母親逐漸分離可與自我從自性中浮現類比，而自母嬰關係中發展出的意象，一般來說則形成了他日後對自性與**潛意識**的基本態度（參見 Great Mother **大母神**；imago **意像**）。

很清楚的是，分析心理學家對此存有概念上的差異。某些人傾向將自性界定成有機體整合的原始狀態。其他人則視它為超越性統一原則的一種意象。雙方都採用了榮格經常提到的說法，亦即個體人格「源於」被自性所包含的原型潛能。諾伊曼的研究代表了一種意象式的途徑；佛登的研究則提供了一個模式。

（榮格全集第九卷下篇〔CW9ii〕專門討論了自性的現象學。可與佛登及諾伊曼的觀點做比較，參見 Samuels, 1985a。）

心靈的自我調節功能
self-regulatory function of the psyche

參見 compensation **補償**。

老者
senex

一種原型性而非發展性的概念（Hillman, 1979）。拉丁文中的「老人」，但不能與「智慧老人」相混淆（參見 mana personality **魔力人格**）。在分析心理學中被用以指稱特定心理人物的擬人化，通常有年長的特質，然而即便嬰兒也可能顯示這些特徵——平衡、對他人寬宏大量、智慧、遠見等（參見 archetype **原型**；development **發展**；infancy and childhood **嬰兒期與童年**）。

老者經常作為**永恆少年**的對立面被提及。少年的病理學特質可被描述為過分大膽、過度樂觀、易於浮想聯翩及理想主義，以及過度精神化。老者的病理學特徵則包含過分保守、權威、太過務實、憂鬱以及缺乏想像力。

參見 opposites **兩極**。

性
sex

男性與女性的天生生理特質，構成了男女雙方的差異。榮格常把性與**性別**搞混。他不同意佛洛伊德的想法，後者認為人有天生的雙性戀基礎。然而，榮格確實同意此事，即真正的異性戀需要時間發展，而非以成人型態存在於嬰兒身上（參見 homosexuality **同性戀**；infancy and childhood **嬰兒期與童年**）。

他的研究看重天生的性別差異，而非性慾，這一點使他與佛洛伊德的研究有所區別。與佛洛伊德決裂後，榮格更加關注這一點。他譴責將個人發展的可能性化約成任何一種普遍原則的作法，例如性慾，他也提出**完整性**的概念與之相對，此概念和**個體化**一致，他將之視為心理生活的目標與終點（參見 archetype **原型**；body **身體**；psychoanalysis **精神分析**；teleological point of view **目的論的觀點**）。

陰影
shadow

榮格在 1945 年為陰影給出了最直接清楚的定義：「一個人不願意成為的那種東西。」（CW16, para. 470）在這個簡單的陳述裡，歸入了陰影的許多面向以及對它的反覆提及，亦即它是人格的負向層面，所有令人想將之隱藏的不快特質的總和，是人性中低劣、無價值且原始的面向，人內在的「另一個人」，人黑暗的那一面。榮格充分覺知到了**惡**存在於人類生活中的現實。

他一次又一次地強調，每個人都有陰影，一切實體都會投射陰影，**自我**與陰影間的對決猶如光與影，正是陰影才使我們成為人類。

> 每個人都有陰影，它在個體的意識生活中體現得越少，就會變得越黑暗深沉。如果劣勢的那一面能被意識到，一個人就有機會加以改正。進一步來說，劣勢也會持續與其他益

處相接觸，這會使它持續得到調整。但若它被壓抑或自意識中隔離出來，它就永遠不能改正，反而可能會在某個沒有覺察到的時刻突然爆發。從任何一點來看，它都會形成潛意識的障礙，讓我們的善意不得實現。（CW16, para. 131）

榮格讚揚佛洛伊德，他認為後者讓現代人注意到了人類心靈中光明面與黑暗面的分裂。以科學角度來探討這個問題，而不帶任何宗教的目的，他感覺佛洛伊德揭開了人性本質裡的黑暗深淵，而這原先是西方基督教與科學時代的開明樂觀主義試圖隱藏的。榮格認為佛洛伊德的方法是對陰影最詳盡也最深刻的分析。

榮格表示自己的方法與佛洛伊德相異，因為後者處理陰影的方式在他看來還是有侷限。他認識到陰影是人格中活著的一部分，且以某種方式「想與人格共處」；他首先指出，陰影是個人**潛意識**裡的內容。要處理這些內容需要一個人設法接受並忍受**本能**，以及這些本能如何服從於**集體**的控制（參見 adaptation **調適**）。此外，個人潛意識的內容不可分割地與集體潛意識的原型內容相混（參見 archetype **原型**；opposites **兩極**）。換句話說，要根除陰影是不可能的，因此最常被分析心理學家用來描述在**分析**中面對陰影的過程，就是「接受並忍受陰影」。

由於陰影是一種原型，因此陰影的內容非常強大，並以**情感**為特徵，它如著魔般、有佔據力、自主不受控，簡言之，它能驚嚇並壓倒素來有序的自我。就像所有能進入意識的內容那樣，陰影最初

出現於**投射**之中，且當意識在受威脅或有疑問的情況下，陰影會顯現成對旁人強壯且非理性的投射，不論正面或負面。榮格在此處找到了令人信服的解釋，不僅能用以解釋個人反感的原因，也能解釋我們這個時代的殘酷迫害與偏見。

就陰影而言，**心理治療**的目標是發展對這些**意象**的覺察，以及個人生活中最容易產生陰影投射的情況。承認（或分析）陰影就是去打破陰影對我們的強迫控制（參見 individuation **個體化**；integration **整合**；possession **佔據**）。

符號
sign

參見 symbol **象徵**。

社會
society

榮格把集體視為人類心靈潛能的儲藏庫，與**集體**相比，他對社會一詞的用法暗示著文化影響力的存在，是個體與作為整體的人類互動之下的結果，是**意識**帶來的可能發展。他主張集體**心靈**與個人心靈的關係正如社會與個體的關係。

參見 adaptaion **調適**；culture **文化**。

靈魂
soul

在榮格早期出版的著作中（CW6, 1921），他對心靈這個條目下的定義是：「參見『靈魂』。」但作為一種平衡，榮格在討論所有心理歷程的總體及**分析**時，反而更常使用**心靈**而非靈魂一詞。但對「靈魂」一詞梳理出幾種特殊用法仍是有可能的：

(1)·榮格（與分析心理學家）用這個詞來代替心靈，特別是用來強調心靈的運動與深度，以及心靈的多元、多變與不可穿透性時尤其如此，這點可對比於可在心靈中辨識出的模式、次序或意義。

(2)·用這個詞代替**精神**，用以指稱人類的非物質層面——其核心、心臟部位、中心等（Samuels, 1985a, pp. 244-245）。

(3)·某些後榮格學派的分析心理學家用它指稱對世界的某種特定觀點，亦即「靈魂塑造」（soul-making），也就是專注於深度意象以及心靈將事件轉成經驗的方式（Hillman, 1975）。

精神
spirit

榮格將精神這個字應用在活人的非物質層面（思想、意圖、理想），以及從身體中脫離出來的無形存在物（鬼魂、影子、祖靈）。他對這兩個主題都有許多著述，對後者的興趣包含了早期的一些

心靈研究。在這兩種情況裡，精神被設想為物質的對立面（參見 opposites **兩極**）。這解釋了**幻想**那難以捉摸且易於消逝的特質，舉例來說，幽魂總是透明。

精神作為人的非物質層面，它既不能被描述，也無法被定義。它是無限的、無空間性的、無形且無象的，就這樣自然地存在，既不服從人類的期待也不遵從意志的要求。它是另個世界的或者不屬於世界的，它不請自來，經常以**情感**做反應，無論正面或負面的情感均是如此。

然而，榮格進一步將精神與目的連結，那是一種連結與影響不同事件及努力的本能力量（參見 synchronicity **共時性**）。他想知道是否有精神的法則存在。他被《易經》所包含的「精神智慧」所刺激，因此持續學習《易經》並保持興趣，他確信這樣的智慧與人類的生活已在中國經歷數千年的充分證明。因此他相信的是精神，而非信仰的規範（參見 God-image **上帝意象**）。然而，榮格對**自性**的概念很接近普世的精神**原型**，他也承認精神的目標必須藉由實現來體現。因此，精神與物質的兩極是相互依賴的。

雖然看待榮格研究的一個方式是將它視為對精神信仰證據的心理學探查，但他在對此主題的應用上，最為直接的研究是《精神信仰的心理基礎》（*The Psychological Foundations of Belief in Spirits*, CW8, 1948）。這篇研究是基於對無形存在物——鬼魂、祖靈或其他類似的靈體——的存在與信仰之實證觀察。簡言之，在他對人類精神信仰的心理基礎研究中，榮格強調的是人類與精神雙方有意識關係的必要性。

他主張，精神的現象是對精神世界的現實驗證。非物質領域最重要的證據之一，就是**夢**與**幻象**的存在，無論報告來自所謂的「原始人」或當代的西方人。榮格並未致力於回答精神本身是否存在的問題。他承認這是形上學的探問。他的興趣是人如何理解精神，以及對精神的出現做反應，而這才是心理學的關切。

對靈魂的信仰並不必然與對精神的信仰相關。**靈魂**普遍被理解為居住在每個個體身上，然而精神卻居於個體身外，與**自我**疏遠。他觀察到精神會在一個人失去適應能力時現身，或者它的現身導致個體失去適應能力。正是因為精神的干擾效果才使它們經常令人畏懼。因此，榮格總結道，精神或者是病理性的幻想，或者是全新但至今尚未被瞭解而深具挑戰性的概念。他的結論是：「從心理學的角度來看，精神是**潛意識**自動化的**情結**，它會以**投射**的形式出現，因為它與自我沒有關連。」（CW9i, para. 285）此外，精神也可以是屬於**集體**情結的表現，後者會改變或替代一整個民族的態度，使新的態度得以實現。

所謂的精神，其表現出的干預似乎都會要求**意識**有所增強。

在心理上，後者意味著精神會比自我表現得更加優越與強大；或許被認為是一個念頭、信念或預感，但更常被擬人化成某個帶著清晰洞察力的人物，某類先知或預言家（參見 mana personality **魔力人格**；hero **英雄**）。我們曾聽見精神被稱為「過去的精神」，亦即屬於我們死去的祖先；或者精神被個體擬人化，亦即意氣風發的人；又或者是捕捉和影響某個民族的精神，或代表一個時代的精神，並以不

同的心境將之稱為「在世上散播的邪惡精神」。此即精神所象徵的事物，而這取決於精神的吸引力與排拒力、它們聖祕的力量與干預的有效性。

精神的出現象徵物質與非物質世界之間的張力增加了。它們是看似想要以某種形式被賦予生命的邊緣或臨界現象。

參見 transcendent function **超越功能**。

生命階段
stages of life

榮格被認為是生命發展心理學領域的先驅（有時則稱為成人發展）（Levinson, 1978）。在 1931 年寫成的論文〈生命階段〉（*The stages of life*, CW8）中，榮格著重強調他認為會發生在中年時的心理轉換階段。他將這個階段描述為「危機」或問題的階段，並以案例說明該主題，亦即未能成功預測及適應下半生的後果。雅各比（Jacobi, 1965）繼榮格之後，寫下了**個體化**的兩個階段，對應人的上半生與下半生。史丹（M. Stein）則關注中年的過渡階段。

理想上，上半生的心理成就包含：與母親的分離、達成有力的**自我**、放棄**嬰兒期與童年**的身分，以及獲得一個成人的認同。上述成就意味著社會地位的取得、關係或婚姻**的建立**、親職行為的展開，與工作的獲得。在人的下半生，重點就從人際或外在面向轉往與內在心靈歷程的關係。對自我的依賴必須被與**自性**的關係給取代；

對外在成功的追求則修正為對**意義**與精神價值的關切。榮格強調，下半生應該致力於對目的感的**意識**。在此階段中，死亡的靠近已經成為了現實。那最終包含自我接納的程度、自然的充足或成熟，以及一份能與個人潛能相符、對活過生命的滿足感（參見 individuation **個體化**）。

從心理結構的觀點來看，這表現為將**阿尼瑪與阿尼姆斯**的功能帶進意識，以及對劣勢功能的整合（參見 psyche **心靈**；typology **類型學**）。

無疑地，雖然榮格的描述全面且正確，但他的架構仍存在一些問題：（1）為什麼在沒有**精神病理學**的基礎下，中年的過渡期會在心理學上被視為具有創傷性而且危機四伏呢？但當蘭克（Rank）寫到「出生創傷」時，榮格卻反對這個想法，他認為普遍性的經驗不能被視為創傷。這或許是榮格對他三十餘歲時，與佛洛伊德決裂後的個人崩潰經驗推論太過隨意所致（參見 pathology **病理學**；psychoanalysis **精神分析**）。（2）達成上半生目標的代價總是「人格的縮減」（CW8, para. 787），這點是有疑問的。我們又一次看到，自然的東西怎麼會有破壞性呢？無論如何，社會成就雖然有可能但不必然是單方面發展的產物（參見 neurosis **神經症**）。（3）榮格對**兩極**理論的堅持使分割變得太隨便而且僵化。

暗示
suggestion

在一篇對於莫爾（Moll）著作的評論中，榮格引用了作者對暗示的定義：「在不恰當的情況下，藉由喚起將獲得某種效果的念頭而引起某種效果的過程。」（CW18, para. 893）這基本上成為榮格在談及催眠、超心理學、**精神病**、**分析**與**心理治療**時對暗示所採用的定義。

他強烈告誡心理治療師不要使用暗示，他指出暗示對治療關係的顯著影響：那會使病人被置於虛弱且從屬於他人的位置。**潛意識**暗示雖無法避免，但那是分析師與病人雙方持續的責任，他們都有義務去盡可能地對**分析**中所發生的事保持意識。

然而，對榮格來說，暗示療法並不限於諮商或給予建議，而是可以延伸到所有的療法，無論是單純只使用診斷的術語而未曾揭露潛意識的起因，或積極想嘗試仲裁或干擾潛意識歷程的作法都是如此。他將這些嘗試視為教育手段而非心理手段。此外，暗示性方法反對對個體進行揭露，因為它們的前提是：心理治療的最終產物是可預期且可達成的，而非自發與獨特的（參見 individuation **個體化**）。對**夢**的**闡釋**來說，榮格主張，如果一個人試著避免暗示，那麼每一種解釋都要被認為是無效的，直至找到可以贏得病人本身認可的準則為止。

超我
super-ego

榮格並不常使用這個術語，而且只在討論佛洛伊德的觀點時才較常使用。這是因為榮格強調的是**道德**的天生本質，在他的**隱喻**來說，它是預先存在的道德渠道，用以調節心理的能量流。因此不太需要去假設它與良知的學習歷程有關連。

當榮格確實寫到超我時，他把它與藉由**文化**與傳統所扶持的**集體**道德劃上等號。在集體道德的背景之下，一個人必須找出自己的價值系統與倫理（參見 individuation **個體化**）。

在**精神分析**中，對超我天生能力的認可是克萊恩學派對早期**客體關係**的觀點之一。當代分析心理學家（例如 Newton, 1975）仔細調查了早期超我嚴苛的原型（亦即有力、原始、極端）性質，並強調對父母的內攝是如何修正而非加劇這種態度（參見 archetype **原型**）。

參見 religion **宗教**。

優勢功能
superior function

參見 typology **類型學**。

象徵
symbol

　　榮格與佛洛伊德的理論之所以會決裂，部分源於對「象徵」的意義有不同解讀，包含它的概念、意圖、目的以及內容。

　　榮格對兩人的**觀念差異**解釋如下：

　　那些給了我們潛意識背景線索的意識內容被佛洛伊德錯誤地稱為象徵。然而它們不是真的象徵，因為根據他的理論，它們僅僅是在潛在歷程中扮演**徵兆**或**症狀**的角色而已。真正的象徵在根本上與此不同，而應被理解為直覺的念頭，且不能以其他或更佳方式加以說明。(CW15, para. 105)

　　早前他就曾為象徵寫過定義：「象徵總是預設，它所選擇的表達方式是對一個相對未知的事實所能做的最佳表達或陳述，**亦即那些被理解為存在或被假設可能存在的事實**。」(CW6, para. 814)

　　另外，榮格在未曾具體提到佛洛伊德的情況下，對象徵的精緻與挑戰表達出欣賞，對他來說，象徵遠遠不是性慾遭到壓抑後的表達，或者任何其他可被定義清楚的內容。在談到具有明顯象徵意涵的藝術作品時，他說：

它們孕育中的語言向我們發出了渴求，訴說著它們擁有的意義遠多於所能說的事物。我們可以馬上認出象徵，即使無法完全滿意地解答出它的意義。象徵對我們的念頭和感受來說是持續的挑戰。那可能解釋了為何象徵工作如此讓人興奮，為何它可以強烈地擄獲我們，以及為何它很少只提供我們純美學上的享受。（CW15, para. 119）

榮格與佛洛伊德的決裂並未終結象徵此一主題在概念上的掙扎；在**分析心理學**內部，爭議仍在持續。作為一個整體，分析心理學在象徵的概念化、目的與內容上都展現了廣泛的理論理解力與實踐。然而，即使當一個人以最字面上的意義去解釋一個普遍的意象，或試著把象徵視為具有明顯的性慾意味時，他仍有可能發現象徵的意義相當廣泛且具有多樣性，就如榮格所提出的那樣。象徵不會與其內容相混淆，故可從而假定象徵有著理性、解釋性及寓言式的功能，而非僅只扮演心理調節與過渡的角色。

至於象徵的終極意圖，榮格將之視為雖以確定的方式運作，卻難以用語言來描述的目標。象徵以類比的方式來表達自身。象徵的**歷程是在意象中且屬於意象**（ *in images and of images* ）的體驗。它的發展與**物極必反**的法則一致（亦即從預先給定的位置最終移動到其對立面的原則一致，參見 opposites **兩極**），還提供了**補償**正在運作的證據（亦即**意識**的態度被來自**潛意識**內的運動給平衡）。「現在從潛意識的活動中出現了新的內容，它藉由命題與反命題而聚集，兩者程度相

當，並處於相互補償的關係。它因此形成了某個兩極得以統一的中間領域。」（CW6, para. 825）象徵的歷程始於一個人的情感糾結、「心被懸掛在空中」，他在追求目標時受到了強力阻攔；而此歷程會結束於一種明晰感、「對事物的看透」，並能在已被改變的人生路線中繼續勇往直前。

雙方共同參與統一了兩極，而且很容易就可從任一方來加以判斷。但是，如果我們佔據任何一個位置，相當於再次肯定了那個位置。象徵本身可在此處幫忙我們，因為它雖然不合邏輯，卻濃縮了整個心理狀況。它的本質矛盾，且代表了第三因素或位置，該處雖然不存在邏輯，卻能提供一種可以合成對立元素的觀點。面對這個觀點時，**自我**就被釋放了，並因此得以帶來**反思**與選擇。

因此，象徵不是替代性的觀點，也不是補償之類的東西。它將我們的注意力引到另一個位置上，如果能適當地加以理解，就能對已存在的人格有所助益，同時也能解決衝突（參見 transcendent function **超越功能**）。因此，儘管整體性（totality）的象徵無疑存在，但它們卻屬於另一種不同的秩序。所有的象徵都可能勉強地成為整體性的象徵（參見 Self **自性**）。

象徵是迷人的圖像陳述（參見 *numinosum* **靈啟**；visions **幻象**），是心靈現實模糊的、隱喻的且神祕的自畫像。其內容，亦即象徵的意義很不明顯；相反地，它會用獨特且個別的方式來表達，同時參與到普遍的意象中。對象徵進行工作（也就是說，對其進行反思與聯繫），可讓它們被認知為能替生活帶來控制、秩序及意義的那些**意象**

的層面。因此，它們的源頭可追蹤至原型本身，而後者則透過象徵的方式來尋求更充分的表達（參見 archetype **原型**）。

象徵是回應意識疑問的潛意識發明。因此，分析心理學家常會提及「統一的象徵」，或那些被吸引而來、分離的心靈元素，「活著的象徵」或那些與個人意識狀況相互交織的象徵，以及「整體性的象徵」，亦即從屬且依附於自性實現的象徵（參見 *mandala* **曼陀羅**）。象徵並不是寓言式的，因為寓言的內容是那些我們已經熟悉的事物，但象徵卻是某種極具生命力的表達，或許可稱之為**靈魂**的「湧動」。

雖然出現在個體分析中的象徵內容常被假定為和其他分析中的內容類似，但那不是真的。有規律與反覆發生的心靈模式可以被多樣且相異的意象與象徵所表示。除了此類臨床應用外，象徵也可從歷史、文化或廣義的心理脈絡給擴大解釋。參見 alchemy **煉金術**；amplification **擴大法**；fairy tale **童話**；interpretation **闡釋**；myth **神話**。

共時性
synchronicity

指明事件不總是遵從時間、空間與因果律的重複經驗，這使榮格尋找那些超越規律以外的法則。他發展出共時性的概念，並將之定義如下：

(1)・作為「非因果的聯繫原則」；

⑵‧指涉那些彼此之間具有意義卻無因果聯繫的事件（亦即時間與空間上並不一致）；

⑶‧指涉那些在時間與空間上一致，也可看出彼此具有意義之心理聯繫的事件；

⑷‧作為心靈與物質世界的連結（在榮格有關共時性的著作中，經常但不總是指無機的物質世界）。

試著檢驗誕生星座與婚姻伴侶的選擇，榮格曾試著找出兩者之間的可能對應關係，藉此展示共時性原則。他總結道：這既不具有統計的聯繫，也不是出於偶然；因此他在 1952 年提出共時性為第三個選項（CW8）。參見 reductive and synthetic methods **還原與合成法**；unconscious **潛意識**。

這個實驗飽受批評。因為樣本取自那些對占星學嚴肅以待的人，因此受試者並非隨機抽樣。它的統計結果也受到挑戰，最重要的是，無論結果如何，占星學都未被視為不具因果關係的。然而，實驗也清楚顯示了榮格企圖跨越機率／因果的二元論。而那些被假定為與機率或巧合有關的現象，事實上可能是藉著共時性產生聯繫的。

有時候，榮格會將共時性應用到更廣泛的現象中，例如心靈感應；這可能比起將之視為心理學或超心理學的現象來得更正確。然而，多數人都經驗過有意義的巧合，或曾在個人的私密事務裡察覺到某種具有目的的傾向；而榮格的共時性假說就與這類個人層次的經驗有關。

他認為共時性現象可能會在意識水準降低時變得更為明顯（參見 *abaissement du niveau mental* **心智水準降低**）。此時所發生的事可能在**分析**中具有治療性，因為它會使當事人的注意力被吸引到先前因潛意識之故而曾碰觸的問題領域。留意共時性會使分析師免於感到萬事萬物皆歸因於命運的感受，或退回到「只會揭露病人經驗，而非使其朝向改變」的純因果論解釋（Williams, 1963b）。共時性經驗的發生時機，是在兩種不同的現實（亦即「內在」現實與「外在」現實）交會之時。

共時性應與下列術語比較與對照：psychic reality **心靈現實**；unconscious **類心靈潛意識**；*unus mundus* **一體世界**。

合成法
synthetic method

參見 reductive and synthetic methods **還原與合成法**。

互補對立體／聖耦
syzygy

用於指稱任一對**兩極**的術語，無論是一對事物因結合或對立而被提及時均是如此。榮格最常使用這個詞來表達**阿尼瑪與阿尼姆斯**的連結。他寫道，那樣的連結在心理上是由下列三點所決定：「屬

於男人的陰性面以及屬於女人的陽性面；男人對女人曾經有過的經驗，以及女人對男人曾經有過的經驗（童年早期的事件在此處最為重要）；以及陽性與陰性的原型意象。」（CW9ii, para. 41n. 5），參見 imago **意像**。

　　榮格總結道，男女互補對立體的配對意象就如男人與女人的存在一樣普遍，他引述神話中重複出現的男女配對母題，並指出中國哲學的成對概念——陽與陰——為例。在早期的煉金術插畫中，男女性象徵性的結合意味著，作為過程的一部分，他們必須先被分化，而後再以一對雙性共身者的身分重新統一（參見 alchemy **煉金術**；*coniunctio* **合化**）。然而此處暗示的並非雙性戀，而是對立元素的互補運作模式（參見 androgyne **雙性共身者**；hermaphrodite **陰陽同體人**；sex **性**）。

目的論的觀點
teleological point of view

一種以結果或目的，而非以原因來定向的觀點；在榮格的觀察中，包括**潛意識**、**神經症**，尤其是**個體化**都帶有此特徵。這個觀點將他的方法與結論從精神分析中區分開，但此舉引發了對他採取準宗教立場的批評。

這個議題引發了熱烈討論。榮格的觀點對那些從傳統醫學與科學中訓練出來的人士來說相當可疑。同時，部分神學家感覺榮格是他們的盟友，儘管其他人譴責他的心理主義，特別是他的專業術語。在這群神學家中，榮格與神父維克多·懷特（Father Victor White）之間的對話維持得最久（1952）。

亞菲（Jaffé, 1971）指出，榮格的用語「並非我創造了自己，而是我碰巧遇見了自己。」（CW11, para. 391）是將**自性**放在了先驗性存在的位置。無論是已知或未知，自性都是隱藏在我們生命背後的運作

者。人即使在自由中也無法逃脫自性的命定，但經驗到**意義**的可能性則有賴於能否認識到自性對我們的銘印。身為心理學家，榮格視基督的化身象徵「個體化歷程」的完成。基督的形象完全地實現了自己的潛能，並成就了自己的命運。

當代分析心理學家中，艾丁格（Edinger, 1972）最重視目的論的觀點，他認為此觀點和基督教的立場一致。

參見 aetiology（of neurosis）**（神經症的）病因**；reductive and synthetic methods **還原與合成法**；religion **宗教**。

神聖空間
temenos

早期希臘人用以定義神聖區域（亦即神廟）的詞，人在其中可以感受到神的存在。

榮格在使用這個詞語時，並沒有在其原始意涵上附加其他意義，只將其應用在心理學。他以半隱喻的方式將它描述成下列幾種區域：一個圍繞在**情結**周遭的心理充能區域，**意識**無法接近且受到**自我**防衛機制的良好保護；**分析師與病人**身處其中時，會感到自己面臨著**潛意識**的壓倒性潛能以及守護靈式力量的分析區域；對心靈中的**自我**而言最為陌生，特徵為**自性**或**上帝意象**所帶來之聖祕性（參見 *numinosum* **靈啟**）的特定區域；在**分析**期間由分析師與病人所塑造的心理容器，且可由下列特徵進行區辨：對彼此潛意識歷程的尊

重、保密、對象徵採取**行動展現**的承諾，以及對彼此倫理判斷的信任（參見 ethics **倫理**；morality **道德**）。

　　神聖空間的一個同義詞是「密封容器」。這是煉金術術語，用來指可使兩極在其中轉化的密閉容器（參見 alchemy **煉金術**）。因為有神聖且不可預測的神祕元素存在，因此無法保證過程會是正向的。以此類推，心理的神聖空間可被經驗為子宮或牢籠。此空間內不穩定且不可預測的元素使榮格認為，由於面對面的分析容器使然，治療要是能夠成功，實在是因為「上帝的恩准」（*Deo concedente*，煉金術的附加語，意為「經上帝同意之下」）。

理論
theory

　　榮格許多關於理論的陳述會讓人覺得很負面。舉例來說：「心理學的理論本身就是個大麻煩。」或「科學理論……從心理學事實的角度來看價值並不高，比宗教的價值還低。」然而，作為平衡，榮格主要強調的還是理論的整合。分析師不應操作那些對他而言很陌生的概念，或他未曾親身接觸過的經驗，也不可把病人放進理論來思考他適不適合。確實說來，事實上每個病人都需要分析師為之修正後者原先預設的理論（參見 analyst and patient **分析師與病人**）。

榮格也費心強調他的方法的實證性質。他認為自己的假設源於對真實人類的觀察；大量經比較後的擴大資料為其說明了這些假設（參見 amplification **擴大法**；empiricism **經驗主義**）。就科學的方法論而言，榮格或許傾向認為他參與了理論的演變，而非應用。他關注的並非預測，更多地是在說明和澄清他所觀察和討論的任何事物。

從傳統立場來看，**深度心理學**不能擁有科學理論的地位，因為它既無法證明也非不能加以證明。然而，此觀點可能正在改變。特別是那種在支持與反對的堅實證據累積之前就已發展出假設的方法，可能與資料被蒐集後才跟著發現其模式的方法同樣有效力。若是如此，那麼榮格坦承自己的理論源於他的思考歷程就不應受到譴責，畢竟僅有極少或甚至沒有任何研究者，會在毫無想法的狀態下就開始他們的研究工作。榮格對其經驗主義的辯護和主張或許已不再如同以往那樣必要了。

偶然且無意的發現永遠會發生。榮格主張，這有時是基於某種原型結構受到活化所導致（有關科學家對此現象的主張可參考 Pauli, 1955）。

超越功能
transcendent function

調解**兩極**的功能。它會藉由**象徵**來表達自身，並促進某一種心理態度或狀態過渡到另一種。

超越功能代表著真實與想像，或理性與非理性資料的連結，從而橋接了**意識**與**潛意識**之間的鴻溝。榮格寫道：「這是一個自然的過程，一種來自兩極張力之能量的表現，包含了一系列自發出現於**夢**與**幻象**之中的幻想。」（CW7, para. 121）

站在雙方有互補關係的立場，超越功能會使命題與反命題在同等的條件下與對方相遇。能夠統一雙方的是隱喻的陳述（象徵），它超越了時間與衝突，既不堅持也不參與任一方，但能以某種方式被雙方所共享，並提供新合成的可能性（參見 metaphor **隱喻**）。**超越**這個詞表達出可以跨越破壞傾向的能力，亦即將一方拉向（或被拉向）另一方的傾向。

榮格認為超越功能是心理歷程中最重要的因子。他堅持超越功能之所以能進行干預，要歸因於兩極的衝突，但他並未說明是什麼原因使它發生，而是專注於解釋「它發生的意義」。在後者的問題中，他發現可以用心理學而非隱喻或宗教的術語來回答。那意味著對所出現的特定象徵進行分析乃是為了它獨特的重要性，而不是將它看成來自上天的審判，或可以沾沾自喜的東西。

然而，從**目的論的觀點**來看，榮格強烈主張超越功能沒有目標或目的就無法前進。至少超越功能可使人擺脫毫無意義的衝突，以及避免偏狹的片面性（參見 individuation **個體化**；meaning **意義**）。在刺激良心這件事情上它扮演的角色也相當顯著（參見 morality **道德**）。它提供了不同於純個人視角的觀點，也會因主張更客觀的立場與可能的解決方案而令人驚訝。

身為精神科醫師，榮格在思覺失調症的初始階段中觀察到了同個歷程的某種變化。在《榮格全集》第十四卷裡，他解釋了可應用於激活超越功能之過渡階段的煉金術象徵。經過早期的理論化之後，他發現超越功能也是一個可應用於高等數學中的術語，亦即實數與虛數的函數。

移情
transference

參見 alchemy **煉金術**；analyst and patient **分析師與病人**；compensation **補償**；*coniunctio* **合化**；hermaphrodite **雌雄同體人**；mana personality **魔力人格**；opposites **兩極**。

轉化
transformation

一種包含了**退行**與暫時性「失去自我」的心靈過渡期，其目的是將某個至今尚未認知到的心理需求帶進**意識**中並加以滿足。它的結果會使這個人變得更加完整。轉化與獲得成就並不相同，它是持續的歷程。榮格警告，我們不應給轉化階段一個簡單明確的名字，以免將某種有生命力的事物變得死寂。轉化被認為是**心理治療**的目標，以及受壓抑的心理對立面；在**分析**中，轉化包含了對**陰影**全方面的謹慎探查。

　　轉化的象徵可在原始的**啟蒙儀式**、**煉金術**以及宗教**儀式**中看見，這些儀式被設計用以避免在過渡時期中可能出現的心理傷痛（參見 primitives **原始人**；symbol **象徵**）。所有轉化都包含了超越的體驗與神祕，以及象徵性的死亡與**重生**。儘管有一些說法誇張地談到人格全面更新的傾向，但那並不是事實。有的只是相對性的改變，唯有如此，人與**心靈**的持續性才會得到保留。榮格指出，如若不然，轉化就會帶來人格分裂、失憶症或其他心理異常狀態。

　　當中也存在負向的轉化（參見 loss of soul **失魂落魄**；psychosis **精神病**）。然而，榮格相信人們會自然地去尋求所需要的事物，因此他指出，追求**完整性**或追求轉化的**本能**是自然的過程，那包含了**自我**與**自性**之間的持續對話（參見 ego-Self axis **自我－自性軸**）。他也將這個過程稱為**個體化**。

　　轉化的主題貫穿了榮格全部的研究。他與佛洛伊德決裂肇因於他對某位個案的轉化象徵所進行的分析與出版（CW5）。他的煉金術研究就是對此基本心靈歷程所做的擴充（CW12, 13, 14）。轉化的儀式與奧祕在〈彌撒中的轉化象徵〉（*Transformation symbolism in the mass*, CW11）一文中曾進行過探討。

　　參見 mana personality **魔力人格**。

創傷
truma

參見 psychoanalysis **精神分析**；reductive and synthetic methods **還原與合成法**。

搗蛋鬼
trickster

當榮格初次遇見搗蛋鬼的**意象**時，他想起了狂歡節傳統中對階級秩序的驚人逆轉，以及在中世紀宗教儀式中，魔鬼用「上帝之猿」（the ape of God）的形象出現。他發現搗蛋鬼與煉金術中的墨丘利形象有著驚人的相似性，後者有狡詐的玩笑與帶著惡意的捉弄、改變形體的力量、雙元的性質（半動物半神聖）、堅持不懈使自己陷於貧困與折磨之境的衝動，以及近似於救世主形象等各種特質。他是完全負面的**英雄**，搗蛋鬼試著透過他的愚蠢來達成其他人藉由專注的努力所無法達成的事物。

然而，正如榮格所發現的，搗蛋鬼既是神話人物，也是內在的心靈經驗（參見 myth **神話**）。儘管他的外表並不吸引人，但無論他出現於何時何地，都會帶來將無意義轉化為有意義的可能性。因此，他象徵著**物極必反**的傾向；雖然他是粗魯的**潛意識**產物，但其行為卻無疑反映了對**意識**的補償關係（參見 compensation **補償**）。榮格寫

道：「在他最清晰的表現形式中，他忠實反映了完全未分化的人類意識，那對應到幾乎未曾離開動物階段的**心靈**。」（CW9i, para. 465）他甚至可被視為比野獸還低劣，因為他不再單獨依賴本能；然而，他雖如此熱衷於學習，卻未能達到人類覺知的完全標準。搗蛋鬼最令人恐懼的一點是他的無意識面向，以及他不與任何事物建立聯繫（unrelatedness）的無所謂態度。

在心理學上，榮格把搗蛋鬼形象等同於**陰影**。「搗蛋鬼是**集體**的陰影形象，是所有個體低劣特質的總和。」（CW9i, para. 484）然而，他的出現不僅是原始祖先所遺留痕跡的證據而已。在《李爾王》（*King Lear*）中，他的現身要歸因於他在實際情況裡的動態存在。當李爾王因他自己無知的意識所犯下的錯而瘋狂徬徨時，他的同伴則是一位「更明智的」愚者。

儘管如此，搗蛋鬼意象的活躍意味著災禍已然發生，或者某種危險的情況已經被創造出來了。當搗蛋鬼現身於**夢**、**繪畫**、共時性的事件、口誤、幻想的投射，以及各種人為意外時，補償的能量也會一起被釋放（參見 synchronicity **共時性**）。然而，認識這個形象僅僅是**整合**他的第一步。隨著**象徵**的出現，注意力會被引至原本破壞性的潛意識狀態，但那仍未被克服。而由於個人陰影是人格中持續的組成部分，致使它永遠無法被消除。集體的搗蛋鬼形象會持續重塑自己，並顯現出所有將成為救世主意象的促發力量與聖祕性（參見 mana personality **魔力人格**；*numinosum* **靈啟**）。

榮格是透過班德利爾（Bandelier）的《快樂製造者》（*The Delight Makers*）認識搗蛋鬼形象的。他為拉丁（Radin, 1956）的《搗蛋鬼：對美洲印地安神話的研究》（*The Trickster:A Study in American Indian Mythology*）德文版寫下了名為〈論搗蛋鬼形象的心理學〉（*On the Psychology of the Trickster-Figure*）的個人評論。威爾佛特（Willeford, 1969）對此主題所寫的著述在當代**分析心理學**中，普遍被認為是最權威的作品。

類型學
typology

榮格對說明**意識**在實務中的運作，以及解釋意識如何在不同人身上以不同方式運作很有興趣（1963, p. 233）。他制訂了一套心理類型的一般性理論，希望能區別意識的組成部分。這套理論首次發表於1921年（CW6）。

某些個體更容易因內在世界而興奮或激動，其他人則易因外在世界而如此；他們分別是**內傾者**與**外傾者**。但除了這些對世界的基本**態度**外，也還存在其他特定的意識屬性與**功能**。榮格將之確認為：**思維**——意指知道一件事物是什麼，為之命名，並將之與其他事物連結；**情感**——對榮格來說，它不僅意味著情感或情緒，也意味著對某件事物的價值考慮或對該事物的觀點或視角；**感官**——代表所有感官所能接收到的所有事實，能告訴我們某件事物在那裡，而非

它是什麼;以及最後一個,**直覺**——榮格用以指涉在沒有意識證據或知識的協助下,就能知道某件事物去了哪裡,以及可能性是什麼的感受。經過進一步的完善後,四種功能可以區分成兩對——**理性**配對組(思維與情感)以及**非理性**配對組(感官與直覺)。榮格對此分類的意思為何,尤其是對「情感」一詞的使用,是個值得討論的議題(參見 affect **情感**)。

我們現在已經可以描述一個人的整體意識風格與他對內外在世界的定位了。榮格的模式是小心平衡過的。一個人會有一個主要(或**優勢**)功能,亦即上述四種功能中的其中之一。優勢功能來自理性功能或非理性功能的配對組別。當然此人並不會只依賴這個優勢功能,他也會利用第二種功能,或稱**輔助**功能。根據榮格的觀察,輔助功能會來自理性或非理性功能中的對立組,而這取決於優勢功能是來自理性或非理性功能。舉例來說。一個以感受功能(來自理性功能組)為優勢功能的人,將會以感官或直覺為輔助功能(來自非理性功能組)。

使用兩種態度,並配合優勢和輔助功能後,就會產生一張十六種基本類型的列表。榮格有時會用一個十字形的圖表來表現這四種功能。**自我**可以配置的能量會指向四種功能中的任一個;而外傾一內傾的可能性則提供了另一種向度(參見 energy **能量**)。雖然是從經驗與心理意義上推論出的,但榮格認為數字4在象徵上很適於用來表達能像意識那樣包羅萬象的事物。

此外,榮格進一步提出了建議,將他的類型學理論從僅是一種

描述性的學術活動，轉變成某種大致來說具有診斷、預後及評量價值，且可與心理治療聯繫起來的理論。

我們已經劃分出四種意識功能中的兩個，那剩下的兩個呢？榮格觀察到，提供優勢功能的配對組中，剩下的那一個常會對個體引發許多困擾。讓我們假設某人的優勢功能是情感功能吧！如果榮格是對的，那麼某人可能會對理性功能組的另一個感到困擾，也就是思維功能。我們可以看到榮格的這個方法如何在實務中運作。我們都認識那種有成熟、平衡生活態度而且看似穩定的人；他們的情感安適自在而且重視人際關係。但他們可能缺乏足夠的理性與系統思考的能力，甚至可能認為思考是一件可怕的事，憎恨邏輯並驕傲地談論他們自己低落的數學能力等等。但這樣的驕傲背後可能隱藏了某種不適當的情感，而問題可能也不會如此輕易解決。榮格將這個出問題的心理功能命名為**劣勢功能**。這片意識領域對一個人來說是很困難的。另一方面，劣勢功能大部分停留在潛意識，當中包含了巨大的改變潛能，藉由試圖將劣勢功能的內容整合進入自我意識中，就可將這些潛能給帶出來。透過此法，也就是實現一個人的劣勢功能，乃是**個體化**的首要元素，因為其中包含了人格的「完成與豐滿」。

重要的是去瞭解到，榮格是應用他的**兩極**理論在建構這個系統的。比起理性與非理性之間——例如思維與情感——更為明顯的對立，在「理性」的廣泛分類下，思維與情感功能彼此對立的事實強烈衝擊了榮格。共享的理性**連結**著思維與情感功能，正是這組功能可被

認知為一對兩極的原因。榮格認為，因為一個人可能更傾向於理性或非理性，因此重要的類型學問題必須從理性或非理性的類別內部進行回答。這一點需要特別強調，因為在某種程度上，它與那些主張理性與非理性的傾向，才是與真正對立極的常識相衝突。

榮格推測，這些不同類型學上的兩極會在成熟與個體化的過程中合併，因此一個人的意識態度，以及當事人因此而形成之對自身體驗的一大部分，將會變得更為豐富與多樣化。一個有趣的問題是心理類型形成的年代。榮格描述過一個兩歲大的孩子，在告訴他房間裡每件家具的名字之前，他不願進入房間。榮格對此事的想法之一，是將他視為具有早期內傾性格的孩子。然而，關於時機的問題導致了一個難題：一個人的心理類型究竟在多大程度上是固定或可變的？

榮格認為這些心理功能有其生理基礎，而其中的心理組成部分可由自我部分加以控制（參見 body **身體**；psyche **心靈**）。某種程度上，一個人可以選擇如何運用這些功能，但限制可能是天生的。沒有人能夠遺棄四種功能中的任一個；它們是自我意識所固有的。但使用特定一種功能可能會變成習慣，進而排除其他功能。被排除的功能會保持未受訓練、未發展、幼稚或過時的模樣，且可能完全落入潛意識，從而無法被整合進自我之中。但任一種功能都可被加以分化，且在天生的限制之內進行部分整合。然而，出於社會、教育或家庭的原因，一種功能可能會以某種方式變成片面的單一主導功能，從而與此人的人格本質不相協調。

潛意識／無意識 *
unconscious

　　就像佛洛伊德一樣，榮格使用「潛意識」這個術語來形容自我無法接觸的精神內容，並劃分出有著自己特性、法則與功能的心靈領域。

　　榮格並不認為潛意識只是受壓抑的、嬰兒期個人經驗儲存庫；它同時也是與個人經驗不同，且更為客觀的心理活動所在地，因為它直接聯繫人類種族的譜系演化與本能基礎。前者可以稱為**個人潛意識**，它仰賴後者而存在，也就是**集體潛意識**。集體潛意識的內容從未出現於意識中，它們反映的是原型的歷程（參見 archetype **原**

＊譯註：unconscious 過去稱為潛意識，指稱心靈內部潛藏的內容；今日學界則普遍稱為「無意識」，指稱意識不能及的心靈領域，以與佛洛伊德早期所談的 preconscious 區別。本條目兩者並列，今從流俗，以翻成潛意識為優先。

型）。因為潛意識是一個心理學概念，總體來看，無論其根源是否與本能相連，它的內容都有著心理的本質。意象、象徵與幻想也可稱為潛意識的語言（參見 fantasy **幻想**；image **意象**；metaphor **隱喻**；symbol **象徵**）。集體潛意識獨立運作於**自我**之外，因為它源自繼承而來的**大腦**結構，會以普世性的母題做為表現形式，出現在**文化**中，這些母題都帶有一定程度的吸引力（參見 *numinosum* **靈啟**）。

有學者指出，榮格這樣的區分稍嫌學術，因為集體潛意識的內容需要個人潛意識的元素一起參與才能表現在行為上；因此兩種潛意識是不可分割的（Williams, 1963a）。另一方面，集體潛意識的概念也可在分析中用以確認那些位於個人經驗之外，或隱身於個人經驗之後的非個人連結（參見 amplification **擴大法**；association **聯想**）。自我就能因此與它們產生不同的聯繫（Hillman, 1975）。在分析心理學的內部，對話是在個人觀點與非個人觀點的現實中展開的（參見 object psyche **客觀心靈**）。

至於**心靈的結構**，阿尼瑪或阿尼姆斯被認為是使自我與潛意識產生聯繫的橋梁（參見 anima and animus **阿尼瑪與阿尼姆斯**；psyche **心靈**；psychopomp **引路神**）。榮格常用**補償**這個術語來表達意識與潛意識之間的關係。

對潛意識的**反思**帶來了這樣的疑問：亦即為何某部分潛意識內容可以成為意識，而有些卻無法如此？榮格的初步結論是：（1）能量的總量改變了；（2）自我的強度會決定哪些內容可以進入**意識**。至於自我，其關鍵因素是它與潛意識所揭露的可能性能否維持對話

與互動的能力。如果自我相對較強，它就可選擇性地允許潛意識的內容進入意識（參見 transcendent function **超越功能**）。隨著時間推移，我們會見到這些進入意識的內容以獨特且個人的方式提升人格發展（參見 individuation **個體化**；transformation **轉化**）。可以看得出來，佛洛伊德與榮格對潛意識所強調的重點不同。榮格的觀點是，潛意識主要是，或可能是創造性的，其功能是服務個體與全人類。（有關佛洛伊德對潛意識譜系學觀點的討論，請參見 archetype **原型**。）

截至目前為止，我們已經提到潛意識在心靈結構中有它自己的位置，它有自己的內部結構、自己的語言，擁有全面的創造性質。此外，雖然進行某種解析是必要的，但榮格仍把潛意識歸為一種知識，甚至是思想的形式。這或許可以用哲學的語言來把它表達為：包含了「終極原因」或發展路線的心理傾向。我們可以將此視為某件事發生的理由或目的，是它之所以會發生或被帶來給我們的「緣故」。在意識中，終極原因是一種期盼、願望或意向。我們很難為潛意識運作的終極原因命名，但它可以被一個人經驗成對其個人生命的表達，以及生命**意義**的建立和促進。潛意識的這個層面包含了所謂的**目的論的觀點**。值得注意的是，榮格並未說潛意識**會導致**事情發生，也未曾指它的運作和影響**必然**會使人獲益（參見 synchronicity **共時性**）。

有關潛意識思想的討論，可參見 directed and fantasy thinking **定向與幻想思維**。

一體世界
unus mundus

　　榮格對**煉金術**的研究以及諸如**心靈現實**、**類心靈潛意識**與**共時性**等概念的演變，使他引進前牛頓時代有關一體世界的想法。這個概念或意象，被榮格用來指稱存在的每個光譜都與其他層面緊密相連，而非以一個既超越又偉大的計畫來協調分離的不同元素。舉例來說，**身體**與**心靈**彼此相互聯繫，心靈與物質可能也是如此。

　　使用一體世界這個詞作為心理學論述的運作概念時，**潛意識**的運作和已知的次原子粒子物理學可以做一個類比。我們在兩者之中都可觀察到實體的快速交流與互換；同時都可找到模式與概率的存在。舉例來說，相對論告訴我們，物理世界的流動性和象徵性本質，可以和內部心靈活動的類似特徵相比擬。當次原子粒子物理學家接受某種事物可以同時是粒子與波時（譯註：意指光同時具有粒子與波的特性，過去的科學界認為這兩種性質不可能並存，此現象稱為「波粒二象性」），他或多或少就需要對自己的研究採取心理學的態度（參見 symbol **象徵**）。物理學家尋找自然界裡的潛在力量，這是一股或許能將電磁、核能力與重力統一起來的力量。同樣地，「超距作用」這個非愛因斯坦的概念，意指兩個遠距的次原子粒子會和諧地行動，彷彿雙方都知道對方在做什麼一樣，這可與原型理論及／或超個人**自性**的運作相比（參見 archetype **原型**）。

一體世界基本上是與因果解釋相異的世界觀。其焦點放在「事物」之間存在的關係，而非「事物」本身，甚至更進一步地，焦點會放在關係之間的關係。我們有必要記住，一體世界並不是一個工具，而是企圖用以區辨**意義**的背景（參見 reductive and synthetic methods **還原與合成法**；teleological point of view **目的論的觀點**）。這種區辨需要**自我**的參與以及個人的權威。根據榮格的觀點，諸如《易經》或星盤那樣依賴規章的事物，必須嚴格加以審視。然而，一體世界的願景，或許是一個瀰漫某種神聖智慧的世界，它相當程度上是超越的願景。時至今日，關於「物理學的神祕世界」以及隱藏在尋常**意識**所能感知的碎片之下的「隱序」（implicit order）也多有討論（參見 Carpa, 1975; Bateson, 1979; Bohm, 1980）。

並非所有分析心理學家都接受榮格關於一體世界的觀點。因為這個觀點遺失了多元心靈的活力，而多元心靈傾向在碎片或「火花」中找到表達自身的方式。對一個基礎計畫的尋求，會切斷我們原先因充滿情緒與創造力投入探索這些碎片下所能獲得的東西（Hillman, 1971）。也有人認為榮格使用一體世界是一種對他自己強烈焦慮的防衛（Atwood and Stolorow, 1979）。

銜尾蛇
uroboros

蜷曲成圓，咬著自己尾巴的蛇，這是普世性的母題。因此，它「殺死自己、與自己婚配又使自己懷孕。它同時是男人與女人，產生與孕育，吞食與誕生，主動與被動，在上也在下。」（Neumann, 1954）作為一個象徵，銜尾蛇暗示了包含黑暗與自我毀滅、繁殖與潛在創造性的原始狀態。它描繪著**兩極**在成形與分離之前的狀態。

繼榮格與諾伊曼（Neumann）之後，銜尾蛇被某些分析心理學家用來作為人格**發展**早期階段的主要**隱喻**。**生命本能**與**死亡本能**，愛與攻擊性尚未成形；性別認同亦然；**原初場景**經驗的缺乏暗示著單性生殖的幻想或聖母無染原罪的概念（immaculate conception）；哺育者與被哺育者沒有區別，只有一張永恆吞噬的嘴。這些幻想可被假定為建構了很大一部分的嬰兒心理生活，而此早期發展階段的特徵是**銜尾蛇式**（*uroboric*）的。後續的階段則被諾伊曼命名為**母性**（*martiarchal*）階段與**父性**（*patriarchal*）階段。

很重要的是，要記住這個描述的隱喻性本質，因為它基本上是一個同理的結構。也就是說，對實證本質的外部觀察指出，比起對唯我主義與幻想的銜尾蛇式關注，嬰兒很大程度上更願尋求關係、積極與主動。然而，內部與外部的這兩種觀點雖然方式不同，但同樣有效（參見 infancy and childhood **嬰兒期與童年**）。

　　當代的精神分析已經朝向這樣的概念：如果母親及／或環境未能滿足嬰兒十足正常的偉大與全能幻想，那麼他就會感覺受到侵犯或迫害。如同溫尼考特（Winnicott, 1960）所稱的那樣，這可能會導致假我組織（false self organisation）的發展。或者是對嬰兒「鏡映」的失敗可能導致被剝奪感，從而在日後的人生中發展出自戀型人格疾患的傾向（Kohut, 1971）。

　　成人的宗教感可被視為涉入了銜尾蛇意象──一方面認識到上帝無所不包的力量，另一方面則感受到與祂合一的時刻（參見 religion **宗教**；Self **自性**）。

幻象
vision

潛意識內容的一種入侵，它以令人印象深刻的個人經驗侵入了意識的領域，其內容是以視覺及圖像描繪出來的。這發生在一個人清醒的狀態，且除了極少數的情況外，都會伴隨發生**心智水準降低**的現象。一般而言，幻象源於極端的個人疏離。這是因為神祕的幻象有強大的能力，可使人回想起他們所感受到的自身本質，從而使當事人印象深刻、難以忘記。

雖然幻象本身並非精神失常的證據，但某些幻象是病態的，且會發生在**精神病**中。榮格早期對於思覺失調症病人的研究使他注意到，病人所報告的幻象中經常有重複出現的神話母題（參見 myth **神話**；schizophrenia **思覺失調症**）。他後來將這些母題認定為從屬於集體**潛意識**的原型碎片。一旦這些內容侵入了意識內，會產生個體將如何回應的疑問。

　　看見這些幻象並沒有特別的益處，它們的價值仰賴於接收者所採取的態度。當一個原始概念以幻象的形式呈現自身時，當事人的任務是去將這些自發且象徵性的圖像或生動的序列轉譯成個人的陳述。否則，幻象不過是造成妨礙，使人無力捍衛自己的自然現象。它的危險性在於虛弱的**自我**會屈從**膨脹**的現象。

　　幻象可能是古怪或者美麗超凡的。這類幻象的特質指向了一種超意識力量的設計。然而，正如榮格指出的，要想像這樣的意識不具備身分是不可能的。因為除了主觀方式之外，這種超意識身分的存在無法被加以證實，因此對這個主題我們無法再做進一步的心理學論述。心理學在此止步，而某種對**精神**的信仰則在此處接手進行（參見 God-image **上帝意象**；*numinosum* **靈啟**；religion **宗教**）。

完整性／全體性／整體性 *
wholeness

　　人格各方面最為可能的充分表達，不論是人格自身或與他人及環境之間的關係。

　　根據榮格的說法，完整性等同健康。因此，它既是一種潛力也是一種能力。我們生來就具有基本的完整性，但隨著成長，它碎裂了，並重組為某種更分化的東西（參見 Self 自性）。照此說法，意識完整性的達成可被認為是生命的目標或目的。與他人或環境的互動對此可能有，也可能沒有幫助，這要依狀況而定。然而，完整性的每個層面都被看作與個人有關，因此它是關乎品質而非關乎數量的成就。

―――――――――――――――――

＊譯註：wholeness 常被譯為整體性，但該譯詞易與 totality 及 completeness 的翻譯混淆，因此本書凡出現 totality 之處皆譯為整體性，completeness 則譯為完成性，wholeness 則譯為完整性，以示區別。

　　雖然完整性無法透過主動尋找或追求得來，但仍可看見生命經驗有多常以它作為祕密目標為終點。與創造力的聯繫強調了完整性（與健康）其實是個相對的術語，用來跟常規與守舊做區分（參見 adaptation **調適**；healing **療癒**；individuation **個體化**）。當榮格使用「完整性」這個字時，談的主要是「完整無缺」而非「完美無暇」。

　　完整性的概念與**兩極**理論有所連結。如果衝突的兩極聚在一起並產生合成，結果就會讓人參與到更大的完整性之中（參見 *coniunctio* **合化**；mandala **曼陀羅**）。榮格憂心著西方文化，一般而言，特別是基督教，忽略了對完整性來說相當重要的兩個元素：陰性氣質（參見 anima and animus **阿尼瑪與阿尼姆斯**；Assumption of the Virgin Mary, Proclamation of Dogma **聖母瑪利亞升天教義宣言**；gender **性別**），以及惡，或者說人類的毀滅性（參見 shadow **陰影**）。

　　榮格知道一個人可以得到完整性的虛假表象（CW7, para. 188），也知道一個太急切的追求者會把自己的期待與他真實的狀態給混淆。對完整性的貪求可能是對心理衝突的逃避。

　　榮格的想法與許多二十世紀的思想發展一致，展現出一種心靈的整體樣貌（雖然榮格並不使用 holistic cast of mind 這個詞）。參見 pleroma **普羅若麻**；psychic reality **心靈現實**；psychoid unconscious **類心靈潛意識**；synchronicity **共時性**；*unus mundus* **一體世界**。

意志
will

榮格用來指稱**意識**的能量，例如，用以和**潛意識**——尤其是本能——相聯繫的意識力量。對榮格來說，意識從來就不是中性的因子，而是對心靈事務的主動介入（參見 complex **情結**；ego **自我**）。他把意志定義為可供意識使用的能量，並強調動機在釋放此類能量時所扮演的角色。他認為動機是被**集體**力量以及心靈決定因子所影響，前者包括教育、**文化**與教會，後者則包含**憂鬱**或**神經症**等因素。

與本能相比，意志可被視為能夠改變其強度與方向的能力。然而，意志自身必須採用本能的能量。榮格在此處的看法與佛洛伊德早期對「自我本能」的構想相近（1910）。這些本能服務於自我，並反抗著性本能。他們之間的主要差別在於佛洛伊德的理論強調性本能所創造出來的衝突，而榮格則著重對它的**轉化**（參見 energy **能量**；Eros **厄洛斯**；incest **亂倫**）。

榮格使用「意志」的涵義之一是：意識是本能的，因此是人性中固有、明確的一面，並非次級、習得的因素。其次，潛意識中也有某種形式的「意識」（參見 archetype **原型**；Self **自性**）。有時榮格會猜想是否具有某種**身體**意識的可能性。

意志的領域是有限的，意志「不能強制本能，也無法掌控**精神**。」（CW8, para. 379）

參見 religion **宗教**。

智慧老人／智慧老婦
wise old man/wise old woman

參見 mana personalities **魔力人格**。

字詞聯想測驗
word association test

藉由探究聯想或偶然的心理連結來確認個人情結的一種實驗方法（參見 association **聯想**）。在二十世紀初，當榮格還是一個在伯格霍茲里（Burghölzli）精神病院（位於蘇黎世的精神病院）工作的年輕精神科醫師時，他曾專注研究字詞聯想測驗許多年。該測驗由布魯勒（Bleuler）所引介，並用來對病人做臨床的測驗（參見 psychoanalysis **精神分析**）。

該測驗由英國科學家高爾頓（Galton）所發明，並由德國心理學家馮德（Wundt）接手與改變，後者企圖發現並建立掌管意念聯想的法則。德國精神病學家阿沙芬伯格（Aschaffenburg）與克雷佩林（Kraepelin）介紹了口語或音韻連結與其相關意義的區別，他們也觀察到疲勞對反應的影響。發燒病人、酒癮者以及精神病患也接受了測試。接著，德國精神病學家奇恩（Ziehan）發現，如果刺激字詞與病人不愉快的事物有關，那麼反應時間就會變長；延遲反應則與「共同的潛在表徵」或「充滿情緒的情結表徵」有關。在此點上，字詞

聯想測驗被伯格霍茲里精神病院所使用，而榮格被賦予研究此測驗的任務，正如第一個例子那樣，他關心的是**思覺失調症**發病時，環繞於聯想的張力釋放或思考連結鬆散的現象。

榮格改善了這份測驗，他的主要目的是偵測與分析情結。在研究的過程中，榮格確信只要能幫忙病人征服並克服他的**情結**，病人就可以被治癒。在他最初的發現裡〔1970 年發表於〈早發性失智症的心理學〉〔*The Psychology of Dementia Praecox*, CW3 〕），榮格依靠下面幾項指標區分了不同種類的情結：是否與單一、持續或重複的事件有關；它是有意識的、部分意識的或無意識的；以及是否顯露出強大的**情感**蘊含量。榮格的研究導致與布魯勒的分歧，他們對思覺失調症的起因有不同假設，而榮格也明確表達他的起源推測，亦即精神病的妄想意念是企圖創造對世界的全新願景。(CW3, paras153-178)

在他研究字詞聯想測驗的期間，榮格一直把佛洛伊德當成權威。佛洛伊德本人並非不知道聯想的相關研究，他使用一連串諸如聯想鏈 (chain)、聯想絲線 (thread)、聯想列車 (train) 或聯想列 (line) 等術語來描述所謂的「自由聯想」的路徑。榮格認為自己對情結以及情結指引的研究確認了潛意識受壓抑內容的叢聚，支持了佛洛伊德對創傷回憶的發現。但是，佛洛伊德對他自由聯想的方法持續應用，主要是在病人的個人潛意識內容 (這是榮格的說法)，而榮格對情結的興趣則使他更進一步去研究存在於集體潛意識中的原型 (這同樣也是榮格的說法)。參見 archetype **原型**；collective **集體**；unconscious **潛意識**。

　　曾有一段時間，榮格猜測字詞聯想測驗可能成為具有社會價值的工具，可用在犯罪偵察以及治療上。但在對其中所包含的問題經過幾年的密集研究後，他終止了對字詞聯想測驗的使用，也放棄了對實驗心理學做進一步的嘗試。

負傷療癒者
wounded healer

參見 healing **療癒**。

A Critical Dictionary of Jungian Analysis, 1st Edition
English Edition ISBN: 9780415059107
authored/edited by Andrew, Samuels; Bani, Shorter; Fred, Plaut

© 1986, by Routledge

Authorized translation from the English language edition published by CRC Press, part of the Taylor & Francis Group, LLC. All rights reserved.
本書原版由Taylor & Francis Group LLC 出版公司發行，
並經該公司授權翻譯出版。版權所有，侵權必究。

Copies of this book sold without a Taylor & Francis sticker on
the Cover are unauthorized and illegal
本書貼有Taylor & Francis 公司防偽標籤，未貼標籤之書籍不得銷售。

Maple Publishing Co., Ltd is authorized to publish and distribute exclusively
the Chinese(Complex Chinese)
language edition. This edition is authorized for sale throughout
the Worldwide(excluding Mainland of China).
No part of the publication may be reproduced or distributed
by any means, or stored in a database or retrieval system, without the
prior written permission of the Publisher.

本書繁體中文翻譯版授權由楓樹林出版事業有限公司獨家出版，並於全球(不含中國大陸地區) 銷售。
未經出版者書面許可，不得以任何方式任意複製或發行本書的任何部分。

榮格心理學辭典

出　　　版／楓樹林出版事業有限公司
地　　　址／新北市板橋區信義路163巷3號10樓
郵 政 劃 撥／19907596 楓書坊文化出版社
網　　　址／www.maplebook.com.tw
電　　　話／02-2957-6096
傳　　　真／02-2957-6435
作　　　者／安德魯・山繆斯
　　　　　　芭妮・梭特
　　　　　　弗雷德・普勞特
譯　　　者／鐘穎
企 劃 編 輯／陳依萱
校　　　對／周季瑩
港 澳 經 銷／泛華發行代理有限公司
定　　　價／420元
初 版 日 期／2022年7月

國家圖書館出版品預行編目資料

榮格心理學辭典 ／ 安德魯・山繆斯, 芭妮・梭特,
弗雷德・普勞特作；鐘穎翻譯. -- 初版. -- 新北市：
楓樹林出版事業有限公司, 2022.07　面；公分
譯自：A Critical Dictionary of Jungian
　　　Analysis 1st Edition
ISBN 978-626-7108-52-9（平裝）

1. 心理學　2. 精神分析學　3. 詞典

170.41　　　　　　　　　　　　111006809